DISNEY MARKETING
ディズニーのすごい集客

集客プロデューサー
嶋田亘克

フォレスト出版

はじめに

２０１５年11月、新聞各紙にユニバーサル・スタジオ・ジャパン（ＵＳＪ）の10月の来園者数が過去最高を更新し、同月の東京ディズニーランドを初めて抜いたという記事が新聞紙面を賑わせました。

九州では開業以来18年間営業赤字だったハウステンボスの集客が増加し、黒字化するなど、ここ数年のテーマパーク産業の躍進は目覚ましく、同じ業界の出身者として自分のことのように嬉しく感じています。

しかし、**ＵＳＪと比較されたのは東京ディズニーランド単体の集客で、東京ディズニーシーを加えた東京ディズニーリゾート（ＴＤＲ）の入園者数では大きな差がついたままです**（↓次ページの図表参照）。年間で比較しても、ＵＳＪとハウステンボスを足した入園者数よりも大幅に上回っているのです。首都圏という商圏人口を考えても、この実績には目を見張るものがあります。

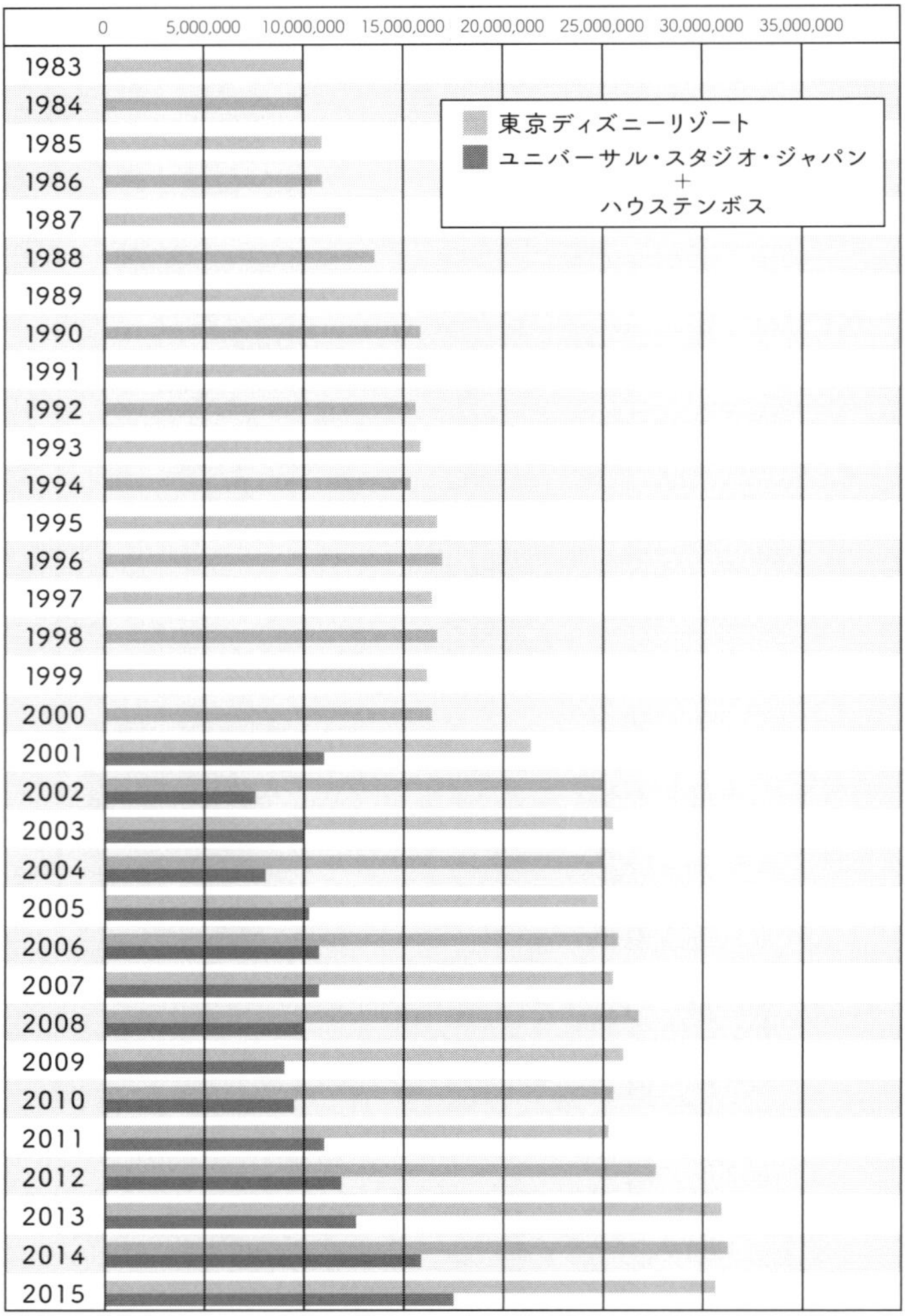

東京ディズニーシーを合わせた東京ディズニーリゾートの入園者数は2013年以降3000万人を超え、圧倒的な集客を誇っている。数字は各運営会社の開示資料及び新聞等各種資料より。

２０１７年度には東京ディズニーランドが開業34周年、東京ディズニーシーが16周年を迎えますが、6期連続での最高益更新が見込まれるなど、今なお成長を続けています。これだけの長きに渡り、ディズニーのテーマパークが成長を続ける秘訣は一体どこにあるのでしょうか？

ディズニーの成功の秘訣は「顧客満足度」だけではない！

多くの方が、ディズニーのテーマパークの成功の秘訣は高い顧客満足度（ＣＳ：Customer Satisfaction）にあると考えているでしょう。書店に行ってもディズニー関連の書籍コーナーが展開され、「サービス」「おもてなし」といったテーマの書籍で大半が占められています。実際、経営者やビジネスマンにディズニーから何を学びたいかと聞いてみると、高い顧客満足を生み出す秘訣を学びたいという方が、私の周りでも最も多いのも事実です。

では、そういった書籍に書いてある方法を取り入れ、顧客満足度を高めていくと、本当にディズニーのテーマパークと同じようにリピーターが増え、売上は上がっていくのでしょうか……？

答えは、限りなく「ＮＯ！」です。

一定レベルまでは顧客満足度を上げることで売上が上がります。しかし、品質を上げるために投下できるお金や時間には限界があります。もちろん、人のパフォーマンスを上げるにしても教育や意識改革が必要ですし、人により能力の差が出てしまうのも実状です。やみくもに取り組んでも、結果が出る前に現場が混乱するケースもよくある話です。

かといって、商品力や品揃えだけを高めればいいのでしょうか？

当然それも答えは、「ＮＯ！」です。

商品力があるのに潰れてしまうお店や会社の特徴とは？

ハーゲンダッツ、オールドネイビー、Boots、カルフール、テスコ、プランタン……。一度は名前を聞いたことのある外資系の企業ばかりだと思うのですが、すべての企業にある共通点があります。

それは**日本で一時的にブームを生み出しておきながら、全て日本から撤退している点**です。日本に入ってきた当時はあまりの人気でメディアに取り上げられていたのに、なぜ撤退という判断になってしまったのでしょうか？

撤退こそしていませんが、開業時は都内で2〜3時間、地方では8時間もの待ち時間がニュースで取り上げられた「クリスピー・クリーム・ドーナツ」も、サービスや商品の方針転換を目的に、大規模な閉店を一斉に行いました。

最近は外資系企業に限らず、「あそこ美味しかったのに……」「あの会社はサービスがよかったのに……」と、評価が高かった会社や伝統のあるお店が倒産や廃業に追い込まれる事例を身近に感じるでしょう。

お客様の満足度は高いのに潰れてしまうお店や会社と、そうでないお店や会社。一体、何が違うのでしょうか？

何を意識すればディズニーのテーマパークのように、品質も評価され、30年以上経っても集客も売上も成長できるのでしょうか？

そこで、まず一つの表を見ていただきたいと思います（次ページ）。

これはディズニーのテーマパークの入園者数の推移です。

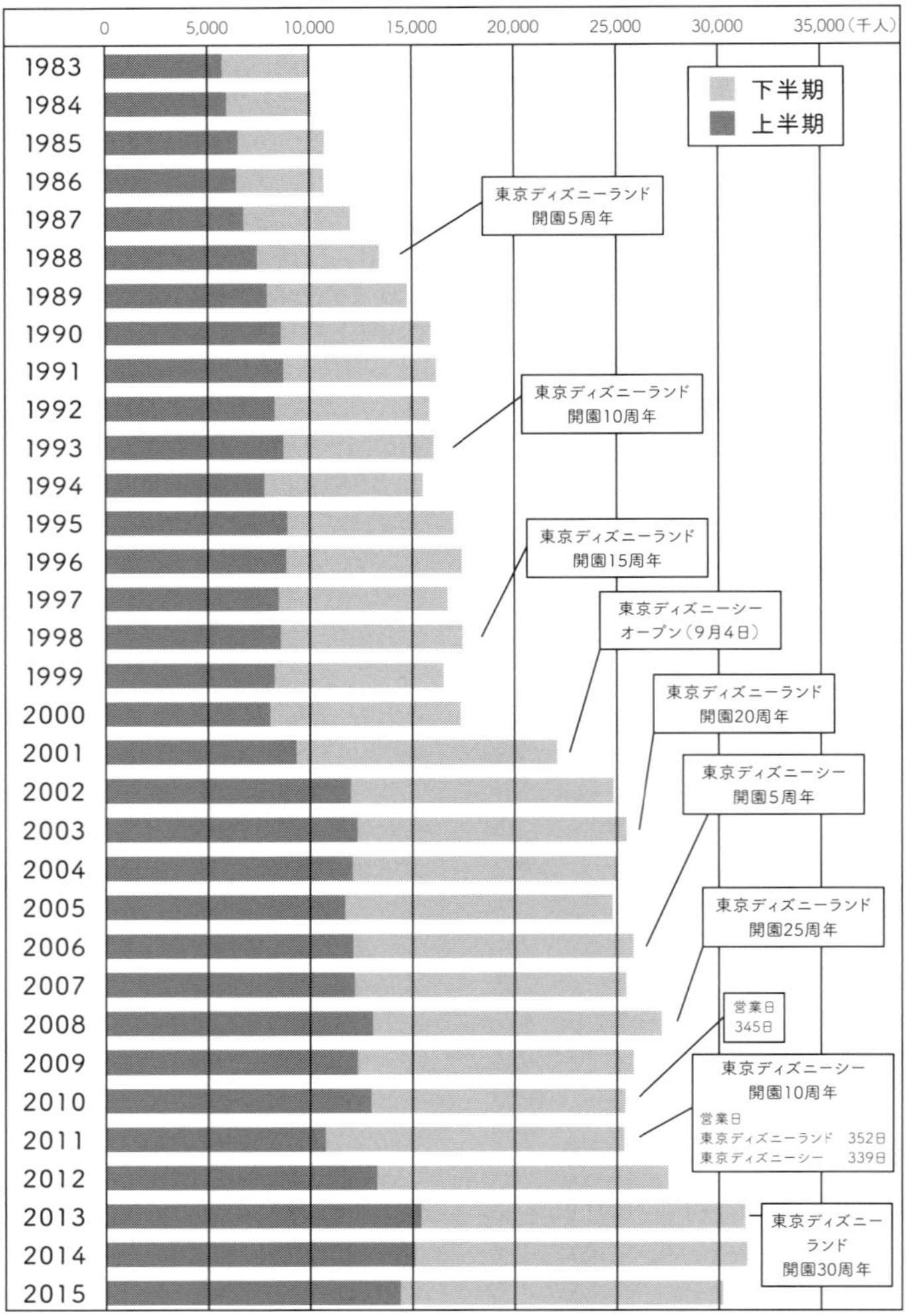

全体に右肩上がりの成長とはいえ、ところどころ入園者数に増減があり、集客に苦しんできた様子がみてとれる。

ディズニーは、放っておいてもお客様が来ると考えている方がたくさんいらっしゃると思います。実際、私も在籍中は「営業なんてしなくていいでしょ」と、何度言われたかわからないほど、社外の多くの方から同じ言葉をかけられました。

しかし、見ていただくとわかると思うのですが、右肩上がりのイメージが大きいものの、実は意外に単年レベルで見て行くと凸凹しているのです。

ディズニーのテーマパークが集客で苦戦しているという報道がされることはほとんどなく、仮に来園時に空いていたとしても、「空いててラッキー」としか思わなかったでしょう。しかし、単年毎の集客実績として見ていくと、苦戦したのがわかる年が結構あることに気づいていただけると思います。

また、ディズニーのテーマパークの集客は、新たに導入されるイベントやショー、アトラクションといった大きな話題の提供で作られていると思われがちですが、大規模な投資がない年も多くあります。

実際はターゲットのエリアや属性を絞り込んだ細やかな営業施策の積み上げと、定期的な大型投資の両輪。いうなれば、計画的な成長戦略と短期的な拡大戦略の組み合わせにより集客が作られているのです。

つまり、ディズニーのテーマパークにおいても他の企業と同じように、日々どうすれば集客が伸びるか議論し、ＰＤＣＡが回され続けているのです。特に私の在籍していた時期は、東京ディズニーシーの開業により、今までの年間１５００万人規模の集客から、２５００万人規模の集客を実現させるという大きな課題がありましたので、日々チャレンジの連続でした。

マーケティングを超えたディズニーの集客の法則

単純にパークが一つから二つになるのだから、集客は倍近くなって当たり前と今でこそ考える方もいらっしゃいますが、今までと同じ数のお客様が、どちらかのパークを選択するだけでは集客は伸びません。新しくできた東京ディズニーシーへゲストが集中し、東京ディズニーランドが空洞化するのではないかという議論さえしていた時期もありました。

そこで、対策として主に次のような施策の検討を重ねました。

①今まで年に1回だった首都圏のお客様に、どうすれば2回以上来てもらえるか？
②地方の方には、いかにして宿泊日数を増やし、複数日パークに入っていただけるか？
③首都圏、地方問わず、今まで来たことのない人をどうすれば集客できるか？

とにかく、あれだけの規模のテーマパークを同じエリアで２つ運営するという、誰もが体験したことのないことを実現させるために、普通では考えられないほど多くの企画を考え、集客施策として導入しました。

当時取り組んだこと全てが成功したわけではありません。

しかし、**成功にも失敗にも全て理由があり、その理由を組み合わせていくことで、一般的なマーケティングという概念だけでは括りきれない集客の法則があることに気づいたのです。**

私がディズニーを退職しようと決意したのも、自ら得た集客の法則を、ディズニーという絶対的なコンテンツがない、全く違う業界で役立てたいという想いからでした。

なぜなら、ディズニーのテーマパークでその法則をいくら使い続けても、ディズニーのコンテンツがあるからこそ集客が成立している構造を抜け出すことができないからです。

この法則の最大の強みは、自社の価値を、ディズニーと同じように絶対的なコンテンツに育て上げられることにあります。

全くのゼロの状態から健康食品と無関係の企業で始めた、健康食品の通販事業では**3年で10億円規模の売り上げを達成することができました。**

また、2年ほど会員数が頭打ちだったアーティストのファンクラブ事業では、大きく活動スタイルを変えたわけではないのにもかかわらず、この法則を用いることで、**1年で会員数が120%増加し、解約者数が前年の半分以下に。**

かたや、今まで患者さんの1日平均が20名程度で、来院者ゼロの日さえもあった整骨院が、女性専門の分院まで出しても予約が取れないほどになったりと、驚くべき結果を出してきました。

規模の大きな話や継続的な話だけでなく、目標100名程度だった空港の新路線就航イベントに600人を超える来場があったり、離島からの完熟パイナップルの宅配事業では、今まで観光に来た際に現地で申し込む人しかいなかったのが、WEBで注文が入り出し、飛行機に乗り切らないほどの注文が発生する日が出るほどでした。
ほかにもオーナー一人のダイビングショップでは、一切の広告をやめても、口コミだけで予約が埋まるようになりました。直近では、行政が管理して赤字続きだった日帰り温泉の集客に取り組んだりと、**業種や業界に関係なく、安定した結果を出し続けています。**

私がこの20年に複数の企業で集客したことで生み出した売上を計算してみると、およそ3000億円以上に及ぶということがわかり、自分自身が一番びっくりしたほどです。

なぜ、ディズニーは「商売の原則」にこだわるのか

おかげさまで、私はこの法則を使い、たくさんの方々と関わり、集客を増やすお手伝いをさせていただきました。**ディズニーの集客をベースにしたマーケティングの講演実績は2000社以上に及びます。**

しかし、昨今のSNSやWEBには、どれほどの実績があるのかわからない人が主

催する「簡単に儲ける方法」「お金をかけずに集客できる広告」などの宣伝が乱立し、根拠のないエビデンスとともに「無料メルマガ」「無料セミナー」の登録が横行しています。

お金をかけずに儲けるといいながら、その本人がお金をかけて広告をしている時点で、少し考えれば、その先にビジネスへの誘導があるのはわかるのに、登録する人が後を絶たないのでこのような手法が乱立するわけです。挙句は、「儲ける講師を育てるための講師講座」まで増加しており、主催者の意識を疑わざるをえません。

こんな時代だからこそ、**商売の原則に忠実にのっとった「ディズニー流集客の法則」**を一人でも多くの方に伝えたいと思っています。

なぜなら、社長一人の会社でも、上場会社のような大きな組織でも、志のある商品やサービスを抱える方々には、集客増を必ず成し遂げられる要素がたくさん詰まっているからです。

退職から10年が経ち、**時代や流行に左右されない「ディズニー流集客の法則」の普遍性**に改めて気づき、これからは、私がその場にいなくても、書籍を活用していただくことで集客を増やすお手伝いをし、本当に価値のあるビジネスを行っている方が成功し、あるべき社会になる一助になればと思ったのが本書を書こうと思った一番のきっかけです。

- □**自分の商品やサービスに自信や誇りを持っている。**
- □**もっと多くの人を集客したい。**
- □**一度来ていただいたお客様にリピートしてもらいたい。**
- □**やらなきゃいけないことはわかっているけど、何からすればいいかわからない。**
- □**今まで集客の本を読んだり、セミナーに行ったけど成果を出せなかった。**
- □**自社の商品を拡大したいが販促費がない。**
- □**ディズニー関連の本はディズニーだから成功すると思っている。**

このような方にぜひ一度読んでいただければ幸いです。

本書で私がお伝えしたいこと

本書は次のような3部構成＋まとめの形を取っています。

- **理念と事業価値（第1～第2章）**
- **集客のための基本テクニック（第3～第6章）**
- **ワクワク働く人づくり（第7章）**
- **まとめ（第8章）**

集客のための絶対法則は「テクニック」ではなく、本質的なビジネス構造を作り出すことで成立します。章はどこから読み進めていただいても構いませんが、**最終的に重要なのは、全体をいかに自分に落とし込んで構築していくかです。**

瞬発力があり、簡単に取り入れられる派手な手法やテクニックを望まれる方も多いと思いますが、テクニックだけでは一過性のものにしかならないため、**あえて市場の**

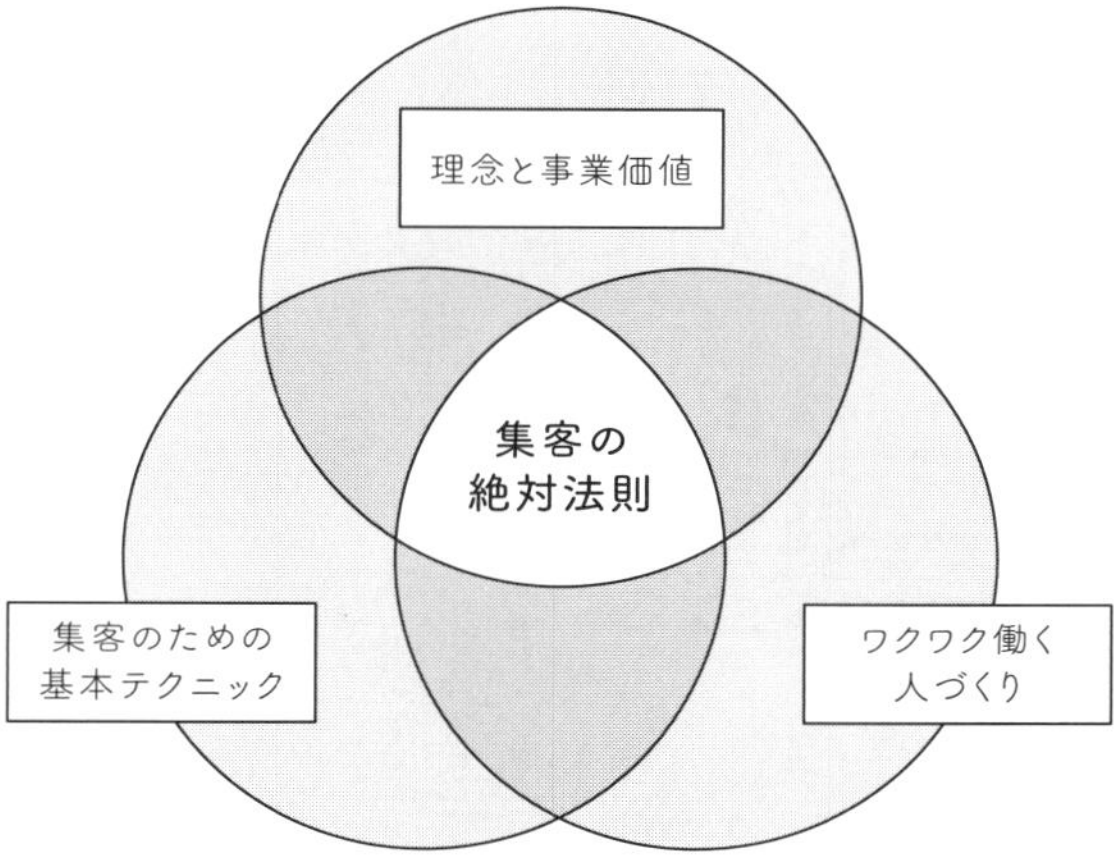

「理念と事業価値」「集客のための基本テクニック」「ワクワク働く人づくり」の3つを併わせ持ってはじめて「ディズニー流集客の絶対法則」が成立する。

トレンドが変わっても影響が出ない基本にこだわっています。

特に第1章、第2章はすでに実践している方にとっては不必要と思われるかもしれません。でも、**この部分こそ一番本質的ですので、改めてご自身に置き換えて考えてほしいのです。**

継続的な集客とは、商品やサービスを必要とするお客様に、適切な方法、適切な価格で提供して初めて生まれるのです。だから、時間はかかるかもしれませんが、必ずあなたのビジネスを大きく改善させてくれる力があります。

そのために変化を恐れず、本書に沿ってご自身の事業や商品、サービスを見直し、行動してみてください。世界中の成功者、成功企業を見渡しても同じだと思いますが、変化を恐れずに挑み続けることこそが成功の秘訣です。

数年前に『アナと雪の女王』というディズニー映画が世界中で大ヒットしました。成功の要因がいろいろ報じられていましたが、その時に公私ともに可愛がってもらっていたウォルトディズニーアトラクションズジャパン（通称WDAJ・日本でのディズニーテーマパーク事業のカウンターパート）の方の言葉を思い出しました。

「ミスター嶋田、なぜディズニー映画はヒットすると思いますか？」

答えに悩む私に彼は答えました。

「それは毎年新作の映画を出し続けているからですよ。諦めた瞬間、成功も成長もないんです」

当時、自分のやった施策が結果を出せなかったこともあり、彼なりの応援メッセージだったと思うのですが、「やり続けること、動き続けること」こそ、以降の私自身のポリシーでもあります。

この本で書かれていることをすべて取り入れても、すぐにうまくいく人ばかりではないかもしれません。でも、大切なのはあなた自身が動き出すこと、やり続けることです。動き出すことで必ず見えてくるものがあります。その経験こそが成功の近道なのです。

第1章 集客マーケティングを始める前に知るべきこと ～ビジネスの原理原則を教えてくれた大失敗～

第2章 事業の「価値」を理解する

第3章

思い込みでターゲットを選ぶ危険な落とし穴

第4章

消費者思考に立った商品づくり

第5章

新規顧客とリピート顧客の獲得法

第6章

集客のための7つのステップ

第7章 集客できる人材の育て方

第8章 集客のための絶対法則

第1章

集客マーケティングを始める前に知るべきこと

～ビジネスの原理原則を教えてくれた大失敗～

それは一本の電話から始まった

「えっ！　3件！　そんなはずは……」

その電話が全ての始まりでした。

入社して3年目に、全社的な来園者数が伸び悩んでいた時、集客強化策として、初めて企画から運用まで全てを自分一人で行い、「これで大幅な集客増間違いなし！」と自信満々で行ったキャンペーンの結果です。

今思うと、目標もかなり可愛い数字で、これで全社的な集客低迷の底上げをしようと思っていたのもおこがましいのですが、いずれにせよ**目標1000件（集客3500人）の数字を掲げたにもかかわらず、たった3件の受注（目標比0・3％）という散々な結果**に終わったのです。

まずはそのキャンペーンを振り返ってみます。

2年連続の前年割れを建て直すには？

キャンペーンを行ったのは、ちょうど西暦2000年のことでした。

前年の集客も大幅に前年割れしており、2年連続の前年割れは許されないと、集客の上積みが期待できることは、どんどん取り込んでやっていこうという全社的な流れになっていました。

私はその当時、関西から東京ディズニーランドへお越しになるゲストの集客責任をもつ営業部の大阪事務所に勤め、旅行会社と一緒になって集客を拡大する仕事をしていました。所長以外に所員は二人しかいない部署でしたので、自分が提案すれば、部門提案としてほぼ100％採用され、自分で取り組める環境にありました。

入社3年目で初めて、企画から調整、運用と全てを自分でやれるチャンスにめぐり合い、生まれ故郷である関西エリアから大規模な集客を行うことで、「地元に精通した人間は一味違うぞ」というところを見せてやると、意気込んで取り組んだのがこのキャンペーンでした。

ただ、当時の私は集客を増やすために最も大切なのは、価格を下げることだと本気で思い込んでいました。今までなかったような価格が出せれば、お客様が飛びついて集客は増えるはずだと思っていたのです。**今思うと恥ずかしいのですが、当時は価格が全てとさえ思っていたのです。**

とはいえ、パスポートの値段を簡単に下げることはできません。関西からとなると当時はほとんどの方が旅行会社でツアーを申し込む時代です。旅行商品を作り、販売しているのは旅行会社であって、我々は旅行会社に東京ディズニーランドの入園券を契約して売ってもらっているに過ぎません。

どう考えても、往復の交通費や宿泊代を下げないことにはツアー価格を安くすることはできないのです。かといって、入社3年目の若造が、旅行会社を回って、やみくもにツアー価格の交渉をしたところで結果は見えています。

そこで、商品を売るターゲットを絞ることと、販売できる旅行会社を絞り、一本釣りで交渉することにしました。

大手家電メーカーの社員10万人をターゲットに

まずターゲット選びからスタートしました。

私が目をつけたのは、関西に本社がある某大手家電メーカーでした。本社や工場・関連会社、取引先まで入れると、およそ10万人にアプローチが可能だったからです。

偶然、大阪に転勤する前の部署で、この企業の担当をやっていたこともあり、当時の先方の担当者の紹介で、なんと夏の賞与明細の配布時に「東京ディズニーランドへの旅」のチラシを一緒に、社員に配布してもらえることになったのです。

オープンマーケットでは値段交渉もしづらいですが、ここまで明確で規模の大きいターゲットがいれば、旅行会社はもちろん、仕入先のホテルや航空会社とも交渉がスムーズです。クローズマーケットという建前のもとで、「〇〇〇〇関係者様限定特別プラン」と謳うことで先着1000組限定の格安のツアーを作ることに成功したのです。

私が旅行会社と一緒に作った商品は、舞浜にある東京ディズニーランドのオフィシャルホテルに泊まって、東京ディズニーランドの入園券が1日分、さらに大阪からの往復の新幹線もしくは飛行機がセットでなんと旅行代金が大人一人総額3万円を切る破格値のツアーでした。

普通に大阪から東京を往復するのと同じ程度の金額で、1泊2日の旅行に行けるわけですし、賞与が出て、夏の家族旅行をどうするか話をする時に、このチラシがあるわけなので、完売間違いなしと思いこんでいました。

旅行会社の担当者も、ホテルの担当者も、発売前からどこまで売れるだろうという会話しかしないほど自信を持っていました。打ち合わせの内容といえば、予約の電話が一斉に鳴り出したり、社内にある唯一対面で旅行を申し込める店舗に人が一気に来た場合どうしようなど、売れない想定などお互いに全くありませんでした。とにかく気をつけたのは、人が集中した場合や、社外の人から申込みがあったときの対応など、売れすぎる前提でしか考えていなかったのです。

商品の発売日は賞与の翌日。その日は他の仕事をしながらも早く結果を聞きたくてウズウズしていました。夕方になり、初日の受注結果を聞こうと旅行会社に電話をしました。

「今日何件予約入りました？　トラブルはなかったですか？」

「それが1件も予約されてないんです。きっと何かの間違いだと思うんですが……」

「まあ、チラシを見て家族で話する場もまだできてないだろうし、しばらく待ちましょう。あ、まさか、チラシの配布忘れたってことはないですよね？」

「念のため、確認しておきます」

そんな会話を交わして電話を切ったものの、翌日になっても、チラシは配られているのに予約がないのは間違いではないことがわかりました。

あまりに格安だったのですぐに売り切れる想定で、発売期間と出発日別に定員を設けていたのですが、結果的に最終日にかかってきた電話は、

「今日で受付期間終わったんですが、3件しか予約がありませんでした……」

「えっ！　3件！　そんなはずは……」

と、想像もしなかった結果になってしまったのです。

「お客様が求めている価値」を真剣に考えていますか？

自信満々で、自分が初めて実施した企画が失敗した——。

生まれて初めて、力が抜けるというのを体験したのもこの時でした。全てやりきって、ホッとして力が抜けるのならいいのですが、がっかりを通り越して脱力感だけの状態でした。

「どうして売れなかったんだ？」

家に帰り、ベッドに横になってもこの言葉が襲ってきます。自信満々でスタートした企画でしたし、この金額で売れないわけがないという思いが強くあったせいか、悔しさからか、孤独感からか、とにかく寝たくても寝られないのです。

「商品の価値」は受け取る人、状況によって変わる

どうせ眠れないのならと、目をつぶって実際にチラシが配布された場面を何度も想像しました。すると、妄想か、夢か、**一緒に配られたチラシが会社のゴミ箱にどんどん捨てられる風景が、まるで目の前で見たかのように鮮明に浮かんできたのです。**

「どうして、こんなに**価値のあるもの**を捨てるんだ？」

そう思った時に、体に電気が走ったような感覚を覚えました。

「そうか、**価値**か！」

そうつぶやきながら、ある確信が頭に浮かびました。

つまり、**売る側である自分目線では価値があると思い込んでいたものの、配布され**

た方にとっては価値を感じるものではなかった。売れなかった理由は、これ以上でも、これ以下でもないのです。

どんなにお得な商品でも、必要のない人にとっては、安いかどうか以前の問題です。

この時のチラシは、とにかく価格を目立たせることを重視しており、ディズニーの写真は1枚も使わず、価格や行程といった旅のスペックのみを表記していたのです。

もちろん、それが必要とされた情報であれば、結果は違ったのでしょうが、相手に対して必要なものだと思わせる仕組みすら考えてない以上、ゴミ箱に捨てられる風景というのも、まんざら妄想ではなさそうです。

ましてや、配布した人の大半は男性。価格を前面に訴求したチラシでは、自分が家族を東京ディズニーランドに連れていくことで得られる価値が何なのかも伝わってなかったのはまちがいありません。

そして、急いで本棚にしまってあった一冊のノートを見返しました。そこには、このように書かれていました。

価値＝受け取る人によって変わるもの。

同じ人でも、状況によって価値は変わる。

価値に対する値段は受け取り手が決めるもので、このバランスを失うと信頼がなくなる。100円には100円の価値があり、価格に対しての受け取り側の理想の対価を1ミリでも上回ればリピートにつながる。


このノートは大学生の時に、私が今でも人生の師と慕っている福田博之さんという方から教わったことを書きとめたものです。

マーケティングの師・福田博之さんとの出会い

福田さんは、当時グループ連結で年間2兆円近くを売り上げ、自身で創業した会社を2社も東証一部に上場させていたマイカルグループの創業者の一人でした。

福田さんとの出会いは大学2年生の時です。私は学生時代馬術部に所属していたのですが、馬術部ですので当然馬を世話しており、馬がいると馬糞が毎日溜まるわけです。週に一回は部員でトラックに馬糞を運んで農家の方にもらっていただいていたのですが、趣味で園芸をやってらっしゃる方もよく馬術部の厩舎まで来て堆肥用に馬糞を持って帰っていました。

ほとんどの方は勝手に馬糞をスコップですくい、持参した袋に入れて持って帰るのですが、ある時、妙にスコップをもつ手つきが不慣れな方がいらっしゃり、見かねて「詰めるの手伝いましょうか?」と、声をかけました。すると、「おう、助かるわ」と言われ、詰め終わると「ついでに運ぶんも手伝ってくれへんか?」とお願いされました。

結局、馬糞を学校のすぐ近くのご自宅の庭まで運んだのですが、お礼に家に上がれと言われたものの、あまりの豪邸と自分の馬糞まみれの汚い服装のギャップに遠慮したところ、「お前、いつでも遊びに来てええから、気軽にまた来いよ」と言われ、名刺をいただき、その会社名と肩書きを見てびっくりしたのを覚えています。

しかし、若さというものは本当に怖さや恥ずかしさを感じないもので、何を思ったのか本当に翌日に、「昨日、馬糞を運んだ嶋田です。遊びに来ました」と、ご自宅にお邪魔したところ「普通の奴は気軽に来いって言ってもけえへんのや。お前は面白い奴や。早く上がれ」と、応接間にお招きいただきました。

でも、人の縁とは不思議なもので、それが縁で、犬の散歩に出かけられる時にわざわざ馬術部の厩舎を覗いて「散歩に行くぞ」と誘っていただいたり、パーティーがあれば一緒に来るかと学生の自分を一緒に連れていって、各界の著名人の方に引き合わせていただいたりと、本当に可愛がってもらい、普通の学生では絶対にできない経験をたくさんさせていただきました。

おでんとフランス料理で学んだ「モノの価値」の神髄

お会いすると事あるごとに経営者とはどうあるべきか、どうすればお客様の気持ちを汲み取れるか、危機をどう乗り越えるか、そんな話を学生でもわかるように噛み砕いて教えてくださり、その日の夜に教えてもらったことをノートに思い返して書くのが私の日課になっていました。

価値についての話もまさにそうでした。

その日のことはいまでもよく覚えています。2月の寒い土曜日だったのですが、昼過ぎに散歩に行くぞと私を厩舎まで呼びに来てくださり、散歩の途中に立ち寄ったコンビニで、「おい、おでんをコンビニで売り出したん知ってるか?」と聞かれたので、「はい。よく食べます」と答えると、わしにも買って来てくれと千円札を差し出されました。

コンビニでおでんを買い、近くのベンチに腰掛けて、熱いおでんを一緒に食べていると、「1個100円でこれだけのもんが、気軽に食えるというのはすごいな。どうや、うまいか?」と聞かれたので、即座に「はい。美味しいです」と答えました。

その日はたまたま、夜も一緒に奥様と三人で食事に行くお誘いをいただいており、生まれて初めてフランス料理のフルコースをご馳走になりました。コースが終わりデザートを食べていた時に「お前、この料理一人いくらすると思う?」と、突然尋ねられ、奥様が「こんなところで……」と言いかけたのを遮り「大事な話や」と、続けられました。

私は、全く見当がつかなかったのですが「一万円ぐらいでしょうか?」と、答えると、「アホか、飯だけでその3倍はするぞ」と笑いながら、続けて「で、昼間のおでんとどっちがうまい?」と質問されました。

私が即答で「当然こちらのフランス料理です」と答えると、その答えを予測していたかのような呆れ顔で仰いました。

「お前は金額でこっちがうまいと言ったやろ？　ええか、大事なことを教えたる」

「100円には100円の価値があり、3万円には3万円の価値がある、10万円にも当然10万円の価値があるんや。それを同じに比較することなんてできるわけないやろ」

そして、微笑みながら私にこう教えてくれたのです。

「**価値というものは受け取り手のその時の状況によって変わるもんや。**夏の暑い日に100円のおでんとアイスクリームを売れば、誰もがアイスクリームを選ぶと思うやろ。でも、時期は夏でも冷房で体が冷え切った人間はおでんを選ぶはずや。**つまり、価値は状況や相手によっていつも形を変える。必要な人に必要なものを売るというのが商売の基本と覚えとけ**」

「価値に対して対価としての金額があるわけや。しかし、その価値に見合う対価でなければ相手は買ってくれへんし、奇跡的に買ってくれたとしても、2回目は買わんようになる。でも、**対価をほんの少しでいいから上回る価値があればまた買おうとなるもんや。**価値とは何か？　そして、対価を上回る価値を出すためにどうすればいいか？　よく覚えとけよ」

その日の夜にノートに書いたのが前述の文章です。

福田さんとの思い出話で、少し横道に逸れてしまいましたが、自分はこの企画やチラシに価値があると思っていたけど、受け取った側は価値を感じなかったに違いありません。では、なぜ価値を感じなかったのでしょうか？

それは、福田さんが話されていたように、必要な人に必要なものを売るのが商売の基本だとすれば、きっと私が考えたことはその基本を守れていなかったのだと気づいたのです。

10万人の社員の給与明細と一緒に配布した「東京ディズニーランドへの旅」のチラシは、家族をディズニーのテーマパークへ連れていくことの価値をひとつも伝えていなかったため、奥さんやお子さんの目にいっさい触れることなくゴミ箱へと捨て去られてしまったのです。

この大失敗をしたことこそが、私の社会人としての本当のスタートでした。失敗をしたことで、単に売れなかった理由だけでなく、ディズニーのテーマパークへの新規集客の仕方やお客様がどうすればリピートするのかが見えてきたのです。

あなたの提供されている商品やサービスにおいて

「お客様が求める価値とは何か？」

その理由を一緒に考えながら次章以降を読んでいただければ幸いです。

第2章

事業の「価値」を理解する

事業の目的・価値・役割を見直す

子供のころから、「ムツゴロウさんの動物王国」に憧れていた私は、入学した高校に馬術部があるのを知り、動物が好きという理由だけで入部しました。結果的には、調教師を目指すほど馬との生活にのめり込んでいきました。

ところで、乗馬用の馬や競走馬は、当たり前のように人を乗せるわけですが、生まれた仔馬はいつから人を乗せられるようになるのかご存じでしょうか？

じつは野生の馬はもちろん、乗馬や競走馬として生まれてきた仔馬も、最初は人を乗せるということを全く知りません。ただ本能で駆け回るだけです。しかし、1歳の夏になると「馴致《じゅんち》」といって、馬にハミや手綱、鞍をつけたり、人が乗ることを教えて、馴れさせていくのです。

このときに時間をかけて仔馬と会話しながら行うことで、馬を支配して我慢させるのではなく、「これは大丈夫なんだ」と学んだうえで納得させます。こうしたプロセスを経て、例えば人が乗ろうとするときは動かずにじっと立つというように、自ら考え、行動できるようにしていくのです。

つまり、**相手が動物であったとしても、「自分の仕事は何なのか？」「そのために何をすればよいか？」**を**考えさせるようにしているのです。**

では、あなたのビジネスにおいてはいかがでしょうか。

「自分の仕事は何なのか？」
「そのために何をすればよいか？」

従業員が考えられるようになっているでしょうか？

本当になし遂げたいことは何か？

ビジネスの基本は、「必要としている人に必要なものを売ること」と第1章で書きましたが、**あなたが提供しているものは何かを理解していないと始まりません。つま**

り、「事業の目的と価値」「ビジョンとミッション」が理解できているかどうかです。

「そんなこといまさら言われなくてもわかってるよ」と思われる方もいらっしゃるかもしれませんが、経営者だけでなく従業員やアルバイトまでこの部分を理解しているかどうかが重要ですし、もし、あなたが部門の管理者であればメンバー全員が理解しているかどうかが、この後の具体的な手法を生かすなかで非常に重要になってくるのです。

例えば、あなたが美容室を経営していたとします。美容室に求められていること、美容室の製品、そして、お客様が得られる価値とは一体何なのでしょうか？

あなたの提供する商品が美容室のようなサービスではなく、具体的な商品を販売していたとすれば、その商品に求められている価値は一体何なのでしょうか？

この答えが統一され、社内に浸透しているかどうかが重要なのです。社長一人の会社の場合、まずは社長さえ理解していればいいのですが、複数の従業員がいて、それぞれの人の役割が違う場合などは、なおさらこの点が理解できているかどうかが重要になってきます。

もちろん、社長一人の会社であっても、本質が固まっていないと、ちょっとしたトラブルや事業環境の変化、売上といった目先の課題で方向性や対応を変えてしまい、結果的に事業の本質とかけ離れてしまい、全てがブレ始めてしまうことが多々あります。

ディズニーの研修がすごい理由

この書籍を書くにあたり、1998年オリエンタルランドに入社時の研修で書き留めていたノートを改めて開いてみました。

多分最初のオリエンテーションのメモではないかと思うのですが、そのノートの冒頭に24歳の私の字でこう書いています。

・東京ディズニーランドはテーマパーク
テーマパーク＝夢、冒険、歴史、未来を体験する場所
ディズニーランド＝「地上で一番幸せな場所」（ウォルト・ディズニー）

・東京ディズニーランドの製品はゲストの幸福（ハピネス）
幸福の特徴……形がない
ストックができない
・私たちの役割＝人に対するプロ
ハピネスを提供する人
ハピネスの道作り

ノートを見ていると当時を思い出すのですが、「そもそも東京ディズニーランドっていうのは何なのでしょうか？」そんな質問から研修がはじまった記憶があります。一緒に受講していた同期から「テーマパーク」「来園した人を幸せにする場所」「忘れない想い出を作る場所」など、さまざまな意見が出ていたのを覚えています。

私は関西出身なので、自分がボケないとと思い、質問が出るたびにつまらないことを発言していたこと以外、当時どんな気持ちで聞いていたのか、理解していたのか思い出せないのですが、今、改めてノートを見て本当に深いことを説明しているなと感じました。

すごいのは、入社して最初の研修で「うちの売り物は幸せですよ！」と、まず宣言していることです。幸せが売り物と言われて悪い気がする人はいないと思います。自分の会社は素晴らしいことをしている会社なんだと、無意識のうちに再認識するわけです。

「でも、幸せって形がないから人それぞれ感じ方は違いますよね？　それに保存もできないんで鮮度が大事なんです。つまり、ふとした瞬間に幸せは生まれるってことがわかりますよね？」と後押ししているわけです。でもその瞬間、受講者は考えます。「自分にそんなことできるのかな？」と……。

そこで間髪入れず**「あなた方は幸せを提供するプロなんですよ。できるからこそ選ばれてここにいるんです！」**と言い切られるのです。

この瞬間に、自分の役割はお客様に幸せを作り出すプロであり、お客様の幸せこそ

が商品だと、皆が共通で認識するわけです。そうすると、この後に行われる研修の全てが「お客様に幸せを提供するプロとして必要なこと」という理解の上で行われるようになるのです。

全ての従業員に自社の目的・価値・役割を理解させる

例えば、新入社員研修のプログラムの一つにマナー研修があり、その際に「挨拶の仕方」のコーナーがありました。でも、成人した人に挨拶の仕方だけを教えると、少なくとも何割かの人はいまさらそんなことと思うかもしれませんし、「今から挨拶の仕方を教えます」と言った瞬間に、「めんどくさい」と思う人は少なくないはずです。

しかし、**「幸せを提供するプロとして、スマートな挨拶は当たり前ですよね。では、皆さん挨拶の基本ルールはいくつ知ってますか？」**と、聞かれたらどうでしょう？「教えられる」から、この質問をされた瞬間に、「教わりたい」にマインドが変わるのです。

自らが必要と思って受ける学びは、乾いたスポンジが水を吸収するかのように自分のものになっていきます。

もちろん研修に限らず、それぞれの部署に配属されてからの方が、自身の役割を理解しているかどうかで大きな差が出てきます。なぜなら**部署によって仕事が全く違いますし、同じ部署内でも担当が違えば、やるべきことも違うはずです。だからこそ、自身の役割と会社の目的や商品の価値を知っていることで本質がブレないようにする必要があるのです。**

ディズニーでも、パークでアトラクションやショーの運営、レストランや商品店舗での接客といったオンステージで働くキャスト以外に、人事部で人材育成に関わる人もいれば、営業で集客に関わったり、エンターテイメント部でショーを考える人もいます。中には、ファイヤーグループというリゾート内での消防や災害対策を行う部署まであります。つまり、働く場所によって会社が違うといってもいいほど、やることがバラバラなわけです。

でも、社員、アルバイト問わず全ての従業員が、自らの役割は「ゲストを幸せにすること」と認識しているため、自らの仕事を通して「どうすればもっとゲストを幸せにできるか？」、何か新しいことを取り入れようと考えたときは「それがゲストの幸せに繋がるか?」といった具合に、全ての行動に芯が通ってくるのです。

ディズニーのように、全ての従業員に会社の目的や価値、役割を理解させるために重要なのは、最初から従業員に明確なメッセージとして伝えているかどうかです。入社してすぐに、経営者や研修の担当者を通して、会社の目的や価値、役割をしっかり語り、従業員が目的を叶えるための手段を考える図式を作り上げるのが重要というわけです。

サービスの価値を共有して再生した旅館のケース

ここまで読んでいただきどうでしょう?

本書は、自信や思い入れを持っている商品やサービスで集客をしたい方に向けて書いたものです。しかし、チーム作りやマネジメントで悩んでいる方にも共通の解決策があることをわかっていただけるはずです。

あなたの職場では目的や価値、役割といったメッセージが簡単な言葉でわかりやすく共有されているでしょうか?

また、理解が末端のメンバーまで及んでいるでしょうか？

ここでサービスの価値が共有化されて成功した事例を紹介したいと思います。

施設の老朽化もあり、年々集客が減少していた私の知り合いの旅館では、ある年から団体の宴会や団体旅行の受け入れをやめて、全て個人旅行のみにしました。

もちろん、時代の流れで、団体での旅行や旅館を使った宴会というものが減っている事実はあるのですが、年々集客が低迷していた旅館を改革するには、まずは従業員の意識改革が必要だと思ったそうです。

しかし、団体の場合、旅館選びもほとんどの方が個人に決定権はなく、中には嫌々参加している人もいるはずです。つまり、個人と団体では旅館に泊まる目的が違いすぎて、両方の満足度を同時に上げることは困難です。従業員に旅館の価値を改めて理解浸透させるには、個人旅行に絞った方が圧倒的にわかりやすいと判断したのです。

そこで、**旅館の価値を「お客様が世界一くつろげる場所」と定義づけ、従業員の役割を「お客様が一生忘れない思い出を作るプロデューサー」としました。**その結果、お客様と直接接するメンバー以外も、「お客様が世界一くつろげるためには？」「お客様に一生忘れられない想い出を持ち帰っていただくためには？」と考え、自ら行動するように大きく変化していったそうです。

意識が高まるにつれ、団体用の宴会場をどのように活用するか？　既存の設備をどのようにすれば世界一くつろげるのか？　そういったことをお客様に直接対応するスタッフだけでなく、裏方のスタッフも一緒になって議論するようになったそうです。

これこそ、**目的を明確にすると、一人一人が動きだし、結果、組織やチームが自然に出来上がる典型的な事例**そのものです。

価値の共有がないと何が起こるのか？

こういった話をすると、コンビニエンスストアやガソリンスタンドなど、商品としての差別化が難しい業界の方から、「うちの扱っている商品は他の競合と変わらないので、商品や価値と言われてもよそと同じだし、よくわからない」という質問を受けることがあります。

そういった業種の方の場合は、ガソリンやコンビニエンスストアで売られている個々の商品の価値を考えるのでなく、立地やお店の規模、付帯する施設（駐車場や駐輪場、トイレ等)、一番多いお客様の層なども含めて、「他にも多くの同じ商品を売っているお店がある中でこのお客様はなぜうちで買ってくれるのだろう?」ということを掘り下げて考えてみてください。

のちほど、私の事例もお伝えしますが、道路を挟んだ真向かいに違うコンビニエンスストアが出店するものの、1年後にはどちらかがなくなっているというのはよくある話です。つまり、「そのお店がなぜそこにあるのか?」「来店するお客様は何に価値を感じているのか?」これらを考えることでお店としての価値が見えてくるわけです。

価値をわかって提供しているのと、価値をわからずにただ商品を販売している。ここには大きな差が生まれます。

では、実際に従業員が価値も事業の目的も理解できていない、もしくは伝えていても伝わっていないとどうなるか?

私が過去関わった会社で、実際に起こってしまった悲しい事例を紹介したいと思います。

その会社では健康食品を販売していました。一つの健康食品をまずはお試し価格といわれる買い求めやすい価格で購入してもらい、継続利用を促進し、その後は定期コースという毎月商品を自動的にお届けするサービスを提供し、数ヶ月かけて集客コストを回収し利益を生み出す。**リピート通販**と呼ばれるビジネスモデルです。

そんなビジネスモデルにおいて根幹である「定期コースへの移行率（引上げ率）」がある時、悪化したのです。**販促担当者は広告で「初回無料」と大きな字で書き、その横に小さく見えないほどの大きさで「定期コースご購入の場合」と記載しました。**

初回無料の申込者全員が定期コースに該当しており、単に初回のサンプルが無料だと思って注文したお客様のところに、注文した覚えのない商品が1ヶ月後に請求書とともに届くのです。

当然のように、購入したお客様からはクレームが来るのですが、相手はお年寄りも多く、中には納得されない方もいるものの、大半はしぶしぶ二回目の商品代金を支払うのです。申し込んだ方全員が定期コースというわけですので、定期コースへの移行率は100%です。課題だけみれば解決していますが、誰が考えても本末転倒な行為を販促担当者が起こした原因は、自分の会社の存在意義や目的が抜け落ちていたことがあることは間違いありません。

ここまでいくと、悪質さを感じる極端な事例ではありますが、2016年度だけで国民生活センターに対し、健康食品をお試しだと思って購入したら、定期購入だったという相談が4年前の20倍の9131件も寄せられているという事実を見ると、同じような会社が増加していることがわかります。

「企業理念とミッションの唱和」は意味がない！

事業の目的や価値を従業員が理解していると、このような行動は取らなかったはずです。でも実際はこのような会社が他にも多く存在しているようです。

つまり、**事業の真の目的を理解しないまま、自分に求められている役割が「会社の売上や利益を伸ばすこと」だと従業員が思ってしまうと、先ほどの健康食品の事例のようにお客様の信用を裏切ることを何も考えずに実行するわけです。**また、問題こそ起こっていなくても、意識が低いまま働いている方がいると同じようなリスクを常に抱えていることになります。

うちは大丈夫だと言われる方も多いのですが、実際に企業に訪問し、経営者の方ご自身に、自社の事業の目的や商品の価値をうかがっても答えに時間がかかる方が多いのが現実ですし、聞いていて何を伝えたいのか、よく分からないことがたくさんあります。

こういった話をさせていただくと、「うちは毎朝朝礼で企業理念とミッションを唱和してるから大丈夫です」という企業様にもたくさん出会いました。でも、多くの場合、**企業理念が綺麗な言葉になりすぎていて、企業理念やミッションを唱和することが目的になっている場合が多かったりするのです。いくら綺麗に言語化しても伝わらないと意味がありません。**

ちなみにディズニーでは、在籍中に企業理念やミッションを唱和したりすることは一度もありませんでした。もちろん、企業理念はあるのですが、それ以上に、ウォルト・ディズニーの残した言葉を通し、理念の本質を全従業員が理解できているからこそ、あえて唱和という形をとる必要がなかったのではないかと思います。

ぜひ、次の設問をご自身に置き換えて埋めてみてください。

WORK

次の3つの質問に対して自社の商品やサービスの最も多いお客様を思い浮かべながら答えてみてください。

①あなたの商品は何ですか？

②あなたの商品はお客様にどんな価値を与えますか？

③お客様は他のお店やサービスでなく、なぜあなたの商品やサービスを選ぶのですか？

商品が生み出す価値を知る方法

私が自社の価値をより具体的に考えるきっかけになった出来事があります。それは全体での新入社員研修が終わり、所属部署に配属された日のことでした。

同期の新入社員は50名ほどいました。例年ですと、2ヶ月ほどの全体研修の後、まずは実際にゲスト対応を行うパーク部門に配属され、数年後にジョブローテーションで本社の企画管理部門へ半数ほどが異動というパターンが多かったのですが、私の代はなぜかいきなり企画管理部門へ半数ほどが全体研修終了後に配属されました。

私は、関西出身ということもありましたが、同期の中でたった一人だけ研修以外で東京ディズニーランドに入園したことがありませんでした。しかし、そんな私が配属されたのがまさかの「営業部」。マーケティング分析、パークでのスペシャルイベントの企画運営、広告宣伝、プロモーション活動、旅行会社や企業セールス等、パークの集客責任の全てを担う部門です。

確かに面接で「これからディズニーのテーマパークを拡大していく過程でディズニーが好きな人だけでなく、自分のように、全くディズニーに対して興味のない人をどのように取り込んでいくか、そしてその人をいかにファンにしていくかが重要になる。そのために自分のような人間が集客のために必要になるはず」と大口は叩いたものの、右も左もわからない自分に何ができるのか……。そんな不安を抱きながら配属先のオフィスに行きました。

上司から手渡された6枚のパスポート

配属先が発表され、迎えに来ていただいた先輩社員と一緒にオフィスに入るなり、全員が仕事をする手を止めて笑顔と拍手で迎えてくれるというサプライズ。さすが幸せを作る会社だなと思ったのをよく覚えています。

みんなの前で自己紹介をした後、所属長に呼び出され会議室に行きました。そこで真っ先に聞かれたのは「パークに研修以外で行ったことないってのは本当か?」という質問でした。いまさら隠してもしょうがないと「はい。研修以外では遊びに行ったことはないです」と答えると「使えねえな」と言ったきり黙りこまれてしまったのです。なんとも言えない沈黙ののち所属長が口にしたのは、

「せっかく全体研修終わって、配属されたのに申し訳ないけど、俺が調整するからパークの研修にもう一回行かないか？」

という言葉でした。

あっけにとられる私を気にせず、まっすぐに目を見つめ、

「営業ってのはな、子供からお年寄りまでいろんな人を集客しなきゃいけないんだ。**人それぞれ遊び方も楽しみ方も違うってことを身体でわかってる人間と、頭でしかわかってない人間では仕事の質が天と地ほど違うんだよ**。周りの同期は配属先の仕事を覚えるかもしれないけど、お前はここで半年ぐらい回り道しても影響ないよ。きっと追いつけるから」

と、私に語りかけてくれたのです。

この言葉は20年近く経とうとしている今でも自分の耳に焼き付いています。今でこそ、「マーケティングの本質はお客様のことをいかに考えるかですよ」などと偉そう

に言ってしまうことがあるのですが、この時の上司の一言があるからこそ本音でそんなことが言えるのかもしれません。

当然、断る理由もなく、配属されてすぐに再度パークの研修に戻ることになったのですが、結果的に私一人だけ特別扱いをするのは会社としても問題があるということで、研修期間の差はあるものの営業部に配属された6人が全員パークの研修をやり直しすることとなりました（私は最長の3ヶ月でした）。

研修先はメインストリート・ハウスという東京ディズニーランドの総合案内所です。研修の受け入れ準備ができ、明日からはいよいよ二度目のパーク研修という日にまた所属長に呼び出されました。

「メインストリート・ハウスってのはな、いろんな人が来るんだよ、ほとんどの人は何か困ってくる人が多いから相手の気持ちをよく考えて働いてこいよ。もちろん、クレームを言ってくる人だっている。でも、相手の気持ちになって考えたら何も怖くないから。研修が終わって、自分で営業に出るようになってもこの経験が生きてくるから頑張ってこい。それからな……」

と、**おもむろにポケットから取り出したのは6枚の入園パスポートでした。**

「これはな、俺からの餞別《せんべつ》だ、関西から出てきて友達もいないんだろう。研修先は女子大生もいっぱいいるし、年上が良ければ年上のお姉様も揃ってるから、パスポートもらったんで一緒にインパークしてもらえませんかって誘って一緒に遊びに行ってこい。ただし、1回で使い切っちゃダメだぞ、**2人で行けば3回行けるから研修期間中の休みを使って3回別の人間と遊んでこい**」

そう言って、6枚のパスポートを私に握らせてくれました。

当時どういった気持ちで研修を手配してくれ、パスポートを渡してくれたのか、うかがうことはありませんでしたが、社会人としての第一歩での、この経験がなければ今の自分はなかったと確信しています。結果的にこの研修で得た**「目の前のお客様のことをまずは徹底的に考える」**という習慣がいまだに自分の考え方のベースになっているからです。

落とし物のバスタオルが教えてくれたサービスの鉄則

そんな、メインストリート・ハウスの研修で今でも忘れられない経験があります。

メインストリート・ハウスでは、来られたゲストに順番に対応するので、どんなことを聞かれたり、相談されるのかは日によって様々ですが、私はパークでの落とし物の対応が一番多かったと記憶しています。

研修が1ヶ月程過ぎた8月のある日、幼稚園ぐらいの子供を連れたお母さんがバスタオルを落としたとやってこられました。落とし物のヒアリングのルールにのっとり特徴や落とした場所をヒアリングしながら、内心、私は、「タオルか……イヤだな」と、心の中でつぶやいていました。

理由は、夏の時期はタオルの落とし物が非常に多く出るのと、匂いなどの衛生的な面でした。落とし物はある程度の枚数ごとにビニール袋に入れられて保管されていたのですが、タオルの落とし物に当たると、そのビニール袋を開いてタオルを捜す作業をしなければいけなかったからです。

ただでさえ、汗などを拭いて不衛生な状態のものがビニールの中に入っているので、開いた瞬間の匂いはなんともいえないものがあり、汗などで湿ったタオルを手で捜すのは正直気持ちのいいものではありませんでした。

その時も、顔には出さないようにしながらも、嫌々タオルを捜していたのですが、袋の外から見ただけでハンドタオルは山ほどあるものの、バスタオルらしきタオルは見当たりません。

その方の所に戻り、見当たらなかった旨を伝えると、その方が、

「一緒にいる子供と初めて今日ディズニーランドに来たのですが、生後すぐに亡くなった長男がいて、子供が生まれた時に抱いていたタオルを一緒に持って来てあげれば上の子も一緒に楽しめるんじゃないかと思って……。でも、どこかで落としてしまって……」

と、話しながら泣き崩れられたのです。

どんなものであっても、人には想い入れがあるので、ボタン一つでもパークに落ちていれば大切に拾って保管すると研修で聞いてはいたものの、タオルの忘れ物に当たると嫌だなと思っていたのは事実です。

でも、この時ばかりは自分の愚かさと心の狭さを恥じました。結果的に、閉園までにバスタオルは届けられ、無事にお返しすることができたのですが、**「きっと長男があまりに楽しくて迷子になってしまったんだと思います」**と言いながらタオルを大切に持たれる姿を見たときには、自然と目頭が熱くなりました。「百聞は一見にしかず」

とは、よく言ったもので、研修で教えられた「ハピネスに形はない」ということと、一人一人のゲストと本気で向き合う大切さを、身をもって体験した瞬間でもありました。

不変な価値とそうでないもの

一方、上司からもらったパスポートを活用しての3回の来園を通して感じたのは、ディズニーのテーマパークが生み出す不変の価値と、相手が変わることで変化する価値があるということでした。

不変の価値とは、いつ誰と行っても提供される価値であり、まさにディズニーの本質であるハピネスそのものです。一方、相手によって変化する価値とは、一緒にいる人との関係性が生み出す価値。一緒にいる人によって、同じ場所でも楽しみ方も感じ方もこんなに違うのかということを実感しました。

あなたの商品やサービスにおいてはどうでしょうか？

共通の価値感でくくれる部分と共通の価値感ではくくれない部分があると思います。

この部分を細かくひもとくことこそが集客を生み出す第一歩になってくるのです。

もし自社の商品やサービスを経験していない従業員の方がいれば、ぜひ体験させてみてください。性別や年齢に適さない場合は、従業員の方のご家族や知人に向けて体験させてあげてください。**自分がお客様の立場になってみる経験こそ、事業の価値を理解する近道です。**

ただし、重要なことがあります。それは、自社の商品やサービスを福利厚生的に与えっぱなしにしないことです。なぜなら、競合の商品やサービスを体験する機会を失いかねないからです。自社の商品やサービスの価値を知ったうえで競合を知る。そうすることで、自社の強みや弱み、課題が見えてくるのです。

WORK

自社の商品やサービスについて考えよう

①自社の商品（サービス）を従業員の方に体験させていますか？
YESの場合　③へ

②どういった形であれば従業員に自社の商品（サービス）を体験させてあげることができますか？

③自社の商品（サービス）の普遍的な価値は何ですか？

第3章

思い込みでターゲットを選ぶ危険な落とし穴

すでにある需要を拡大する方法

突然ですが、あなたは、東京ディズニーランドのクリスマスといえばどういった来園形態が多いと思われますか？

クリスマスだからカップルという人もいれば、クリスマスといえば家族連れだろう、いや、実は友達同士じゃないか？……と、様々な意見が出てきます。

なぜこんなことを聞いたかというと、答えが重要だったり意外だからではなく、**商品やサービスのターゲットを、自身の経験や状況で考えている方が多いのではないか**ということを想像してほしかったのです。

人はすぐに自分に置き換えてみたり、過去の経験と照らし合わせて、自分の物差しの中で物事を考えてしまう傾向があります。すると、過去に行ったクリスマスイベントでカップルの印象が強い人はカップルと答えるでしょう。小さな子供がいて、自身もクリスマスの過ごし方を考えていたような方の場合、子供連れのファミリーと答える方が多いのではないでしょうか。

つまり、**事業の目的や価値が明確になると、次に自社の商品やサービスのターゲットを明確にしていかなくてはいけないのですが、その時に思い込みや感覚でターゲットを決めてはならない**ということです。

すでに商品を販売されたり、サービスを提供されている方も改めて、自社のターゲットが本当に正しいのか考えてみてください。

もちろん、ターゲットは1年間を通じて一つである必要はありません。時期によって分けても大丈夫ですし、同じ時期や商品でも複数のターゲットを同時に対象としても大丈夫です。複数の商品を扱っていれば当然それぞれにターゲットがあるべきなのですが、大切なのは適切なターゲット選定がされているかどうかです。

まずはターゲットを2つに分類する

では、適切な真のターゲットとはどのように考えればよいのでしょうか？

大きく分けて二つの方法があります。一つは**需要を伸ばすパターン**、もう一つは**需**

要を作り出すパターンです。

まず一つ目の需要を伸ばすパターンをここでは説明します。すでに事業を行われている方は、一番多いお客様をイメージしてください。そのうえで、同じようなお客様をどうすればさらに増やすことができるのかを考えてみてほしいのです。

もちろん、新規事業で既存のお客様がいらっしゃらない場合は、一番集客したいお客様をイメージしていただければ大丈夫です。

大切なのは、どちらのパターンでも、お客様像を、年齢や性別はもちろん、家族構成や収入など、より具体的に描いてみてほしいのです。

ターゲットの欲求を具体化する

実例の方がわかりやすいと思いますので、私が担当していた首都圏以外からの宿泊を伴う集客を例にお話しいたします。

私がターゲットを考える時にいつもベースにしていたのが、旅行会社の申し込みデータの分析でした。受注段階で年齢やグループの構成を聞くことからかなり正確なデータが蓄積されているからです。

当時、実際に旅行会社のデータを分析してクリスマスイベント時期の顧客属性や傾向を調べると、なんと一番多かったのは幼稚園（4歳〜6歳）ぐらいの子供を持ったファミリーだったのです。しかも、カップルや友人同士の比率と大差をつけていました。

正直、パークのクリスマスイベントがそこまで幼稚園の子供連れを意識して企画されているとも考えられないので、一体なぜこのようなことが起こるのか、旅行会社さんの協力を得て、申し込み顧客を対象にアンケート調査をしました。

結果、見えてきたことは次のような来園の動機でした。

動機①　子供が小学校に通い始めると、学校を休まないと旅行に行けない。

つまり、幼稚園や保育園の間は、休ませて旅行に連れて行くことにあまり抵抗はないことがわかります。また、クリスマス期間の土日は人が多かったり、宿泊料金も高いことを理解しており、平日を挟んで旅行の計画を立てようとしていることも汲み取れます。

動機② 子供が小さいときは風邪をひくと困るので、イルミネーションなど、夜のイベントは控えていたから。

今まで子供が小さく、夜のイベントは我慢してきたので、今年こそは行きたいという潜在意識が強く働いていたことがわかります。つまり、クリスマス＝イルミネーションという感情が行動を促している要素の一つというわけです。

動機③ 小学生になると交通費も宿泊費も子供料金がかかるので、安く行けるうちに行きたかった。

これも非常によくわかる理由です。しかし、この年頃の子供がいないと意外と見過ごしてしまうかもしれません。ホテル等の宿泊施設では未就学児は無料だけど、小学生に入ると添い寝でも料金がかかるケースが多々あります。ディズニーのテーマパークの提携ホテルの場合、そのあたりを特典として無料で打ち出しているホテルもありますが、確約はされていませんので、親からすると同じ家族で同じ場所の旅行でも予算が大きく変わってしまうのを避けたい心理が働いているのです。

動機④　子供に一生忘れないクリスマスの想い出を作ってあげたい。

複数回答可能なアンケートではありましたが、ダントツで多かったのがこの回答です。3歳ぐらいまでの子供は一緒に旅行に行ってもすぐに忘れてしまいますが、幼稚園ぐらいからは自身も旅行の記憶があったりするので、子供にクリスマスの忘れられない想い出を作ってあげたいと思うわけです。

主だった回答を見ていると「なるほど」という理由ばかりでした。つまり、こういった理由と東京ディズニーランドのクリスマスという魅力が複合的に重なり合って、クリスマスを東京ディズニーランドで過ごしたいという感情が形成されているわけなのです。

狙ったターゲットの心理的欲求にアプローチする

①や②は各家庭の考え方もあると思いますが、③は共通の課題といえます。また、

④も改めて指摘されると親として納得いく部分でもあります。

ここで見えてきたことは、子供が幼稚園ぐらいの家庭をターゲットにクリスマス旅行の集客を増やしたいとすれば、パークの魅力やイベントの詳細はもちろんですが、先に挙げたような**旅行代金や子供の記憶という点も訴求していくことで、かなりの高い確率でターゲット層の心理的欲求に響き、集客をさらに増やすことができる可能性が高い**ということなのです。

ニーズや原因が明確になれば、伸ばせるターゲットの姿も明確になってきます。実際、私が担当していたエリア内の幼稚園ぐらいの子供のいる世帯数と現状の旅行者数を考えると、十分勝負するに値するターゲットとなりました。

このときは、幼稚園児がいる家庭に特化した旅行商品を企画していただきました。通常は旅行の広告でユーザーボイス的なものはあまり掲載しないのですが、お客様の感想としてユーザーボイスを初めて掲載したのもこの時でした。

「来年から小学校なので旅行代金が上がる前に、東京ディズニーランドのクリスマスイベントに行けてよかったです！」

「昨年ぐらいまではどこに連れていってもすぐに忘れていたのが、最近は記憶もしっかりしてきたのでクリスマスの忘れない想い出になればいいなと思い東京ディズニーランドのクリスマスイベントに行きました。ミッキーにハグされて、満面の笑みの子供を見てるとなんだか込み上げるものがありました」

このように自分事化できるイメージを作った上で、幼稚園で配布されるフリーペーパーへの広告の掲載や、平日に子連れでスーパーに買い物に来る顧客への旅行チラシのサンプリングを導入することで、大幅な集客の拡大に導くことに成功しました。

あくまでこれは一例ですが、もし、あなた自身が幼稚園児ぐらいの子供をお持ちだったとしたら、どのように感じるでしょうか？

直接的な東京ディズニーランドの魅力の訴求以外に、ターゲットにとって有益な情報やなるほどと思わせる情報があればあるほど、マインドはさらに動いていくということが理解していただけたのではないでしょうか。

このようにテーマパークの集客となると、クリスマスに限らずあらゆるターゲットが存在します。その中で自分が集客を行いたい時期のコアターゲットは誰なのか？

属性としてどの層が一番多いのか？

ここを考えるだけで集客は大きく変わってくるというわけなのです。

大手コンビニチェーンを打ち負かした酒屋の秘策とは？

ここでもう一つ、コンビニエンスストアやガソリンスタンドのような、取り扱っている商品で価値の明確化や差別化がしにくい事業についての実例もご紹介します。

ここで紹介するのはコンビニの事例ですが、実は私の実家での実話です。

もともと私の実家は町の酒屋でした。今から30年ほど前、当時は街にコンビニもない時代だったのですが、酒だけでなく日常生活そのものをサポートでき、かつスーパーとは違った手軽さを出そうと父が始めた店でした。

営業時間は9時から24時、今まで通りの酒の販売や配達に加え、今ではコンビニの定番のおにぎり、パン、日用品から雑誌まで扱う店でした。珍しかったのは、当時スーパーでは一人用の惣菜がなかったこともあり、市場で仕入れた惣菜を小分けにして一人分から販売し、酒屋のときはいなかった一人暮らしの食事の需要を取り込むことで順調に売上を伸ばしていました。

ところが数年後には全国的なコンビニチェーンの進出ブームが起こり、父の店にも大手のコンビニの傘下に入らないかという話が舞い込んできたのです。しかも、もし入らない場合はこのエリアには出店することが決まっているため、近くに競合相手が生まれてしまうと言ってきたわけです。

てっきり、そのコンビニの傘下に入るのかと思いきや、なんと父がとった行動はきっぱりと断るという意外なものでした。時代が戦国時代なら、兵力で圧倒的に勝る大名が味方になるなら本領は安堵すると言ってくれているにもかかわらず、反旗をひるがえすという考えもつかない行動です。その裏で何を考えていたのかを、この数ヶ月後に私は目の当たりにすることになりました。

当然のように数ヶ月後には、店から3分ほどの距離のところに大手の24時間営業のコンビニが開業することとなりました。うちは15時間営業、先方は24時間営業、品揃えは断然大手コンビニの方が揃っているわけです。何より看板があります。向こうになくてこちらにあるものといえば一人用の惣菜ぐらいのものだと私は思っていました。

店の立地は道路を挟んで対向で差はほとんどなし。

万事休すと思ったのですが、**そんな心配をよそに先につぶれてしまったのは大手コンビニチェーンの方でした。**兵力で圧倒的に上回る徳川軍を上田城で、二度に渡り退けた真田軍のようなことがなぜできたのか？

一体、父はどんな策を巡らせたのか？

父が行ったのはたった二つの策でした。一つは一人用の惣菜のバリエーションを増やしたこと。時期が夏だったということもあり、冷奴や枝豆といった自家製の惣菜まで増やしたのです。**そしてもう一つの策が、店の前にビール箱を逆さにして並べ、簡単なイートインスペースを設けた。たったそれだけなのです。**でも、この二つの策が敵のコンビニに行く人を奪う、強力な武器になっていたのです。

主要ターゲットを見極めれば客は絶対に奪われない！

当時うちのコンビニは、近くに安く入居できる一人暮らし用の市営住宅があったこともあり、工事現場で働いていた独身の方が一番お金を落としてくれるお客様でした。彼らは夕方以降の仕事終わりにビールとつまみを買いに来ていました。中には一度買って帰って、もう一度、ビールを追加で買いに来る方もいたようです。

そんなお客様に店の外で飲める、ビール箱を逆さにしたテーブルと椅子を提供するとどうなるか？　当然のように、家まで帰らず店の前で一杯飲むという行動が習慣化しだしたのです。

一杯飲んで気持ちがよくなれば、ついつい二杯目も買ってしまいます。つまり、競合から身を守るだけでなく、自力で売上を上げる策にもなったのです。今の時代なら店の前にテーブルと椅子を置くだけで道路交通法違反といわれるのかもしれませんが、自分の店の前でお客様が少々お酒を飲んで騒いでも警察も何も言わない時代でした。

当然、手作り感あるお惣菜があり、店の前で一杯ひっかけられるこちらのコンビニから浮気はしないわけです。つまり、**主要ターゲットの見極めができていたからこそ、敵にお客様を奪われることなく、自社の顧客の売上もさらに増やすということが実現できたのです。**

そして、見えないうちに先に打たれていた策が、0時から9時までの営業です。競合の大手コンビニは24時間営業なのですが、当時のこのエリアでその時間にお店が開いている必要性がなかったわけで、敵としては売上の上がらない時間に人件費を費やすという固定費の部分での圧迫もあったようです。

この出来事を生で見ていたのは、私の中で非常に大きなものでした。戦略と戦術を考えた原点的なものかもしれません。**お金や規模で勝る相手にさえも、知恵で勝てる策を生むことができる**という経験は、この後多くの場面で生きてきました。

あなたの商品やサービスでも同じようなことはきっとあるはずです。

ここで重要なのは現状のコアのターゲットを見つけ、①そのお客様がなぜ多いのか、②その理由は他の同じ属性の方に共通するのかを考えることです。また、アンケートというと、費用的な問題や質問内容の設定など、難しく考える方も多いと思いますが、無料でWEB上でアンケートを取れるサービスも今はありますし、それも難しければ、まずは数人のお客様に直接聞いてみるだけでも十分に有効的ですので、ぜひ取り入れてみてください。

WORK

顕在需要を拡大させるターゲットの見つけ方

①自社のコア商品もしくはコアサービスのメインターゲットは誰ですか？

②そのターゲットは市場規模や競合の獲得状況と比較して拡大できそうですか？

③その方は、なぜ他ではなく貴社で購入するのですか？

④そのターゲットを拡大するためにどんな対策を打てばいいと思いますか？

潜在需要を掘り起こす方法

次にもう一つの需要を作り出すパターンを考えてみましょう。

現状は明らかに少ないターゲットを取り込むことで純増を生む方法です。先ほどのもともと需要があるターゲットを増やすのと違い、今は集客できていなかったり、少数しかいないターゲットを新たに取り込もうというわけですから、難しそうに感じるかもしれません。しかし、自社内でカニバリー（共食い）が起きない限り、成功すると大きな見返りが見込めるわけなので、ぜひ一度取り組んでみてください。

難しそうに見えますが、じつは私がディズニーで取り組んだ事例を振り返ると、意外にこれがたくさんあるのです。ここでは「その潜在需要に目を向ける余裕があるか？」「その潜在需要の規模と自社の状況を照らし合わせて適切なリソースを配分できるか？」がポイントになってきます。

では、実際に私が取り組んだ事例を見てみたいと思います。

新たなターゲットとして狙った5つの事例

事例① おじいちゃん、おばあちゃんも一緒に来園させる三世代旅行

「東京ディズニーランド＝混んでいる場所、若者が行く場所」といったイメージがおじいちゃん・おばあちゃん世代に浸透しており、行っても楽しめないだけでなく、疲れるだけというイメージを持たれていました。結果、お小遣いや旅行代金の一部を負担する方が多かったのですが、あえて、今までは一緒に来られていなかった、おじいちゃん、おばあちゃんをターゲットに設定しました。

ホテルのチェックイン前でも休憩できるラウンジを設けたり、和室プランの紹介、3世代での記念写真の撮影など、いままでなかった特典やオプションを設定することで、おじいちゃんやおばあちゃん世代の来客が純増となりました。それだけでなく、おじいちゃんやおばあちゃんが娘や息子家族の旅行費用を負担することで、3世代旅行の需要が拡大し、集客拡大に貢献しました。

事例② 富裕層

今までは旅館や高級リゾート、クルーズなどを楽しんできた層。1回の旅行で100万円以上を使うような富裕層をターゲット設定しました。スイートルームやホテルでのフルコースなどを設定し、クルーズ商品を扱う専門の旅行店舗で販売を行いました。しかし、一定の集客増はあったものの、拡大と継続性で苦戦し、数年で中止しました。

事例③ 子育てが一段落した母親同士

子育てが一段落してママ友とのランチ会に加え、定期的な旅行も行くようになった母親層をターゲットに設定しました。特別なプランの提供は行わなかったものの、テレビの企画や雑誌などでもママ友旅行をイメージさせることで集客拡大に貢献しました。

事例④ 大学生の卒業旅行

海外への卒業旅行が定番の女子大生にディズニーのテーマパークへのプレ卒業旅行

を提案することで、卒業を控えた学生の拡大を目指しました。2回も卒業旅行に行ってもらえるのかという大きな課題はありましたが、卒業を控えた学生同士だけでなく、他の学年の大学生も一緒に参加するサークルや団体の送別旅行的な位置付けとなり、予想を大きく超える集客を達成しました。

事例⑤　東京観光が主目的の方

東京や横浜への観光旅行が目的の方をターゲットに、都内に泊まりながら1日ディズニーのテーマパークのオプションを提案。東京観光に特化した旅行パンフレット内に1日で楽しめるパークの過ごし方を紹介したり、テレビで東京の特集をする際にディズニーのテーマパークのことも一緒に紹介していただくように依頼したりした結果、集客拡大に貢献しました。

他にもたくさんのターゲット設定を行い、ニーズにあった施策を投入することで集客を拡大してきました。

もちろん、ターゲットを細かくしていけばいいというわけではありませんが、今では当たり前のようになっているターゲットもいれば、その切り口では通用しなくなっているターゲットもいます。しかし、いずれの施策に対してもいえるのは、その当時は集客の底上げを担ってくれたということなのです。

ディズニーというと、大型のアトラクションやショーへの投資で魅力を高め続け、集客を行っていると思われている方も少なくはないと思いますが、全体的な魅力の拡大とともに、先ほどの需要があったターゲットのさらなる拡大や、今まで少なかったターゲットの積み上げといった細かな取り組みも行っていたのです。

目先の利益に走るとロクなことにはならない

私はディズニーに在籍時、新しい集客施策をたくさん企画し、取り入れたこともあり、新しいコト好きの変わった奴でどちらかというと直感型と思われていたのですが、実は暇があればターゲットの潜在需要（マーケット）、そのターゲットを狙う場合の競合実績（他の観光地の集客データ）、これに自社の実績を比較することを日課としていました。

なぜなら、その比較をすることで、マーケットを狙う価値があるかどうかを判断できるからです。そして、ターゲットが定まれば、極端にいうと研究者のようにそのターゲットの行動を一日中観察したり、実際にヒアリングし、ターゲット思考を分析する中で対策を考えていきました。

「現状少ないターゲットや存在しないターゲットを拡大すれば売上が拡大するというのはわかるけど、じゃあ誰をターゲットにすればいいの？」

このような疑問を抱く方は、自社のデータを見ながら空想する時間を作り出すことから始めていただくと見えてくるものがあるはずです。

また、もう一つ重要なことがあります。

それはターゲットを選んだ後にどのような発想ができるかということです。

「卒業旅行は仲のいい友達と海外旅行に行こうと決めている女子大生に、**どうすれば、卒業前にディズニーのテーマパークでもっと幸せになってもらうことができるか？**」

「いつもは1回100万円以上の旅行をしている人に**どうしたら、ディズニーのテーマパークで今までとは違う幸せを感じてもらえるか？**」

「孫の喜ぶ顔を見るのは好きだけど、人混みが苦手なおじいちゃん、おばあちゃんに、**どうすればディズニーのテーマパークに来園して幸せになってもらえるか？**」

――というように、事業の目的に沿った形で、お客様の幸せ（価値）を考えられるかどうかが重要なのです。

自分（会社）本位の考え方でも一時的に集客を増やすことはできます。でも、そのターゲットの満足度が低かったり、不満を持って帰らせてしまうと、そういった声が自然と広まり、同じターゲット層を取り込むのは今まで以上に至難の業となります。

逆にお客様本位の考え方で、今までいなかったターゲットを獲得することができ、その方が新しい価値を感じてもらえれば、今までいなかったターゲット層をさらに拡大させることができるようになります。

重要なのは、目先の利益に走らないことと、どんなときでもお客様本位で考える習慣をつけるということです。

WORK

潜在需要を拡大させるターゲットの見つけ方

①あなたの商品やサービスにおいて、今は存在しなかったり、ほとんどいないターゲットではあるものの、可能性があると思われるターゲットを思いつく限り書き出してください。

②それぞれの方に自社の商品やサービスを通して、現状以上に幸せになってもらいたい。どうすれば叶うか考えてみてください。

③①②を通して、一番現実的に獲得できるのではないかと思ったターゲットを一つ書き出してください。

減少するターゲットに歯止めをかける

ターゲットを疑い、真のターゲットを見つけるという意味では、今までご紹介した事例を見ていただいても分かる通り、単純に年齢や性別でターゲットを定めているだけではなく、来園形態や居住エリア、収入などいろんな切り口があることはご理解いただけたと思います。きっと、あなたの商品やサービスにおいても同様にたくさんの切り口を見つけて取り組んでいただけるはずです。

ただ、その時に勘違いしてはいけない重要なことが一つあります。

それは、**継続的に減少している需要を見落とさないこと。そして、それを他のターゲットと同じように扱わないことです。なぜなら、継続的に減少しているということは、根本的に何らかの問題が起きている場合が多いからです。**

集客が減少している根本的な要因を探る

以前は獲得できていたターゲットが減少し続けていて、そこを改善したい場合は、先ほどまでの「ディズニーのテーマパークに来ていただき、幸せになってもらうためにどうすればいいか？」を考える前に、少し別のことをする必要があるのです。

それは**減少している理由を突き止め、その対策を打ち出すことです。**

私が経験した事例を一つ紹介します。

当時、中国エリア全体では昨年よりも集客は増えているのに、広島発のディズニーへの旅行だけが、数ヶ月連続で昨年の来園者数を下回っていたことがありました。

このとき、私が考えたことが二つあります。一つ目は**この広島発の旅行需要そのものが減っているのか、それともディズニーへの旅行だけが減っているのか**ということです。つまり、根本的な理由がどこにあるのかを見極めるのです。

そして、もう一つ重要なのは、**この状況を改善することで集客に対するインパクトが生まれるかどうか**です。集客が減少し続けるということは、明確な原因がどこかに存在します。それを解決するためには、別のターゲットを増やすより、はるかにリソースが割かれる場合が多くあります。限りあるリソースを投入して回復させるメリットがあるかの見極めです。

このときは調べた結果、広島発の旅行そのものはむしろ増えており、ディズニーのテーマパークへの旅行需要だけが減っていたのです。しかも、原因は新幹線を使った関西方面の旅行のキャンペーンをJR西日本が大体的に行なった結果、東京へのツアー価格が非常に高く見えてしまったからでした。しかも、JR西日本主導でテレビでの関西への旅の特集や新聞広告を打ちまくっているのでなおさらでした。

キャンペーンなので一時的なものということはわかっていたのですが、広島エリアは中国エリア最大の規模があり、このまま負けているわけにもいきませんので、飛行機利用の割安な商品を追加で投入することで影響を最低限に抑えました。

この事例ではたまたま一時的な影響でしたが、なかには、競合の会社がより安く、かつ品質の高い商品を発売したなど、根幹的な理由で減少するパターンもあります。そういったときは、**まず集客を回復させることが一番の優先事項かどうか**をよく考えたうえで行動してください。

WORK

減少するターゲットを回復させるためにすべきこと

①自社の商品やサービスにおいて減少傾向が見えるターゲットはいますか？

②その原因は何だと思われますか？

③そのターゲットを回復もしくは拡大させることで売上以外でどんなメリットがありますか？

④そのターゲットを回復もしくは拡大するためにどんな手が打てそうですか？

第4章

消費者思考に立った商品づくり

ターゲット毎にカスタマイズした商品展開を図る

これまでの章で実践してきた徹底的なターゲットの見極めを行っていくと、ターゲットがあなたの商品やサービスの先に求めている「価値」が見えてきます。そこで本章では、価値を伝えるための商品づくりについて考えていきたいと思います。

「商品づくりといわれても、商品はすでに決まってるよ」という方も多いと思います。でも、たとえ同じ商品でもパッケージや付帯するサービスなどを変えるだけでターゲットが変わるように、ターゲットから見たときにどんな商品が理想かということを、あえてゼロベースで考えてみてほしいのです。

「ターゲットが異なるので、販促のチャネルや手法を変える」ということは皆さんよく取り組まれています。それと同じように**ターゲットにあった商品構成ができているか見直すことで集客は劇的に変わります。**

例えば、リラクゼーションのマッサージを提供するお店の場合、提供するのは同じマッサージかもしれませんが、お客様の性別や年齢によって、求める時間や内容も違うはずです。日帰り入浴施設の場合でも、提供するお風呂（温泉）は同じでも、シニアのご夫婦と若者のグループでは滞在中に求めるものが違うはずです。

つまり、本質的な商品は一つでも、集客を増やすためにはターゲットに寄り添ったサービスや形態などを含めた商品化とその訴求が必要になるのです。

女子大生の集客を拡大せよ！

ここでは、ディズニーのテーマパークへ大学生の集客を拡大しようと、女子大生をターゲットに取り組んだ事例をご紹介します。

集客を増やすためには「マーケティング理論に基づく調査や分析が必要不可欠で、難しそう」と、始める前から困難さを感じている方も多くいると思います。

しかし、集客の原則はたった一つだけです。

それは**「お客様のことを本気で考える」消費者思考**です。

私がお勧めするのは、あまり難しく考えずに、ターゲットの生活スタイルや思考をまずは徹底的に想像することです。実際、大学生の需要を拡大させるために私が行ったのは、ターゲットである女子大生に直接ヒアリングを行う方法でした。常にこういった方法が最適かどうかは別にして、ターゲットを分析する点では効果的な方法です。ディズニーであれば、調査会社に依頼してグループインタビューなどもできたのではないかと思われるでしょう。しかし、私が実際、調査に使っていたのは費用のかからない旅行会社の受注データやアンケートが主でした。しかも、関西エリアといえども、販促に使える費用は想像されているより当時ははるかに少なかったので、調査費用を販促費用の中から捻出するのは難しく、当時も、一番お金のかからない方法ということで、後輩の大学生に頼み調査を開始したのです。

今の時代はSNSやアプリを活用して、費用をほとんどかけずに誰でも市場調査ができるので、逆にこういった調査をすることの方が現実的ではないのかもしれません。

しかし、生の声を聞く意義は非常に大きいのです。それは当初予定していない疑問が出てきたり、なにげないターゲットの一言から大きなヒントを芋づる式に得ることができるからです。

実際にこの時も大学生ならではの行動パターンや、社会人では絶対に考えられない特有の金銭感覚まで見えてきました。ですので、お客様と直接コンタクトが取れる方は、お客様との座談会や感謝の集いなどの企画を立てながら、ぜひ直接話をする機会を作ってみるべきです。

商品を流通に卸していたりして、最終的なお客様との関係性が薄い方は、実際に自社の商品が販売されているお店に出向き、一日かけて自社の商品をどのような人が手に取るのか、どんな商品と比較しているのかなど、直接見てみるのもいいでしょう。

ヒアリングの結果わかった意外な事実

さて、話を調査に戻しますと、最も重要だったコメントは**「ディズニーは大好きなんだけど、1人じゃ行かないです」**という共通の言葉でした。もちろん、ディズニーのテーマパークには1人でお越しいただくゲストもたくさんいらっしゃるのですが、地方の大学生の場合、大半は誰かを誘い一緒に来るというわけです。

そこで次に確認した点は、何がきっかけとなって、誰を誘うかということ。もちろん、誰を誘うといっても、親や兄弟といった違うセグメントではなく、どんな友達を何人ぐらい誘うのかという調査をしていきました。すると、次のような3つのパターンに分かれてきました。

結果を一覧にまとめてみましたのでまずはごらんください。

図表のような3つのパターンが存在したわけですが、面白いのはそれぞれのパターンで誘う相手や目的、予算まで違うという点です。これを知った時は、本当にびっくりしたというより、目からウロコで、なんと考えが浅かったのかと今までの自分を猛省しました。

この結果が出るまでは、大学生は大学生という一つの属性としてしか見ていなかったのですが、結局は属性といっても

	パターン①	パターン②	パターン③
きっかけ	季節のイベント	自分達の休み	お得な情報
誘う相手	ディズニーが好きな友人を誘う・2人もしくは3人の少人数	5〜6人の女子旅行（ゼミやサークルなど所属する団体の中で女子だけで相談して行き先を決定する）	その情報を知ったタイミングで一緒にいた友人もしくはその日のうちに情報共有した友人
理由	イベントを楽しみたい時はディズニーが好きな子としか行かない。イベントを見ることが目的。かつ友人とイベントのよさを共感したい。	ディズニーに行くことが目的ではなく、休みにみんなと楽しみ、思い出を作ることが目的	お得な情報は期間も限定されていて、タイミング的に探しても見つからないので、タイミングがあうかがポイント。お得に行けることが、すでに行く目的の一つ。
予算	特になし（無理のない範囲）。一緒に行く人と合う日程で一番安いプラン。	1人2万円以内。興味がなくても2万円なら許容してくれる。	設定されたお得な料金

女子大生に直接ヒアリングをした結果明らかとなった3つの消費パターン。きっかけによって誘う相手、理由、予算がそれぞれ異なる。

一人一人の集まりで、一人一人が意思を持って行動しているという当たり前のことを忘れてしまっていたのです。

表を見ていただければわかると思うのですが、目的が違うと、一緒に行く相手も違うことがわかっていただけると思います。つまり、**誰と一緒に行くかによって目的も、予算も、人数も違うということは、商品も提供すべき価値もそれぞれ異なる**ということなのです。

参考までに、第3章で取り上げた私の実家のコンビニエンスストアの事例を思い出してほしいのですが、コンビニの商品というと、食品から飲料、雑貨、お菓子、書籍まで多岐に渡ります。

しかし、少なくとも競合に打ち勝てた要因は、仕事帰りに気軽に、そして手軽な価格で、惣菜をあてにしながら一杯お酒を飲める空間であり、**そこでの一息つける時間こそが価値**でした。要は、くつろげる時間というものに価値を求めているお客様にとっては、酒や惣菜だけが商品であったのではないということなのです。

つまり、商品というのは物理的には商品単体のことを指すものの、集客という観点で見るときには、商品を通して提供される価値こそが重要というわけです。

ターゲットの求める価値から独自の商品を提供する

では、先ほどの大学生の場合、どのような価値を提供すべきなのでしょうか？

地方の大学生がディズニーのテーマパークに来園する3つのパターンのうち、大学生の需要を最大化することを目的に選択したのが、2番目のパターン（友達同士での旅行）でした。

理由は単純で、左の図を見ていただければわかる通り、一番ボリュームが狙える層だからです。もちろん、採算が合う形で、どの層も積み上げられればそれに越したことはないのですが、人的リソースや原資を考えると、いずれかを選択しなければならなかったのです。

では、このターゲットを動かすために、どのような価値を提供すればいいのか？

そのために、さらにターゲットである大学生の意向を深掘りしていくことにしました。

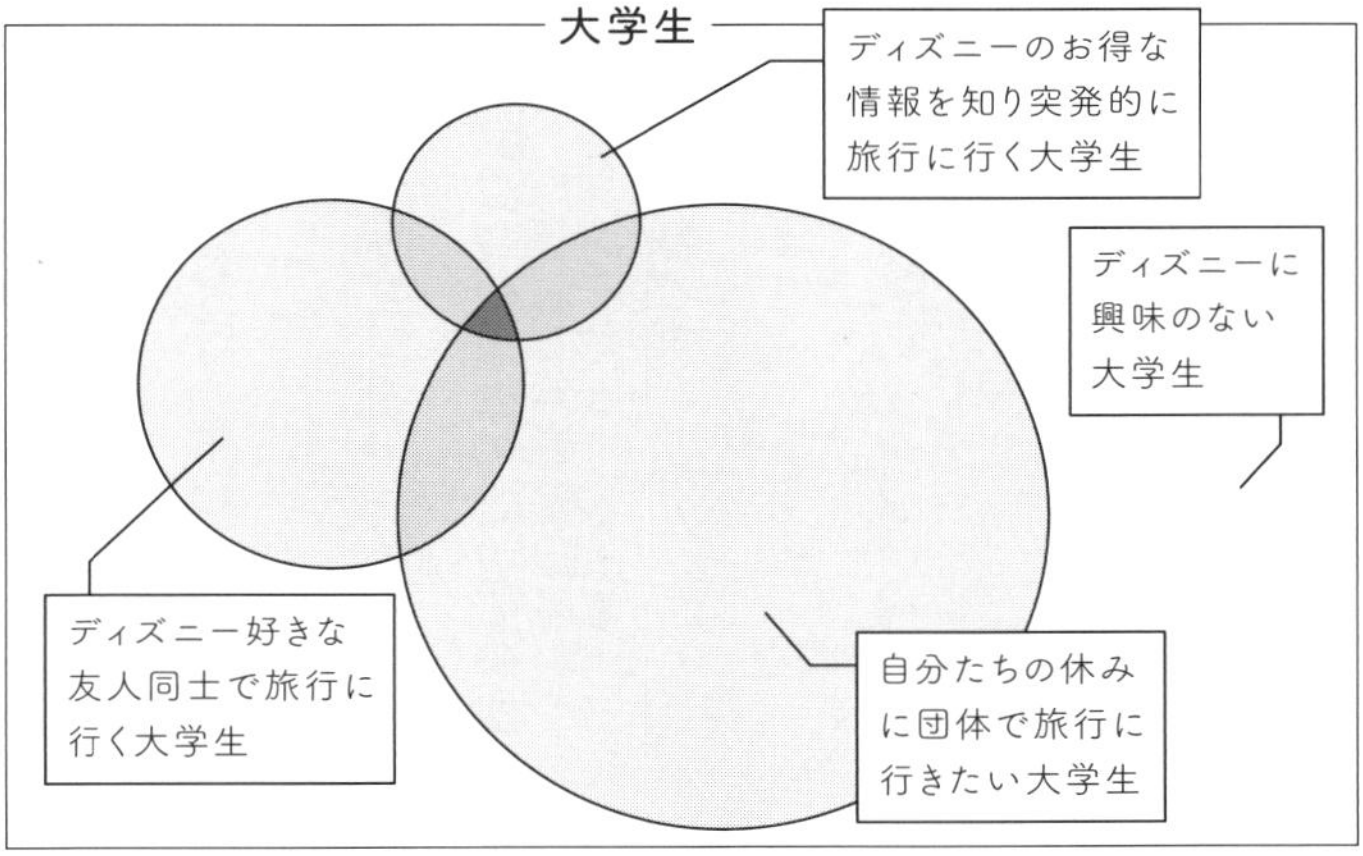

大きく分けて3つのグループに分かれる。最大ボリュームゾーンである「自分たちの休みに団体で旅行に行きたいグループ」に狙いを定める。

ディズニーのテーマパークに来園させたいわけですので、「どうすれば行きたくなるか?」「予算は?」「時期は?」「イベントは?」と聞いていくのも確かにひとつの手法なのですが、**直接的な質問をぶつけ過ぎると希望も入ってきて、本質の見極めが難しくなる傾向があります。**そこで、この時はあえて違う手法を用いました。

ディズニーのことを一切聞かずに、「過去に行ったグループ旅行の中で、一番楽しかったのはどこか?」「それはなぜか?」「選択する時に何が決め手となって選んだのか?」「そして、その時の一番の課題は何があったか?」という形で、過去の競合での経験を聞いていったのです。

過去における競合の体験から消費者心理を引き出す

消費者心理を考えるのがマーケティングや集客の大原則とお伝えしてきましたが、**消費者自身の過去の競合での成功体験や失敗体験を聞き出すことほど、簡単に消費者心理を知るテクニックはありません。そこで出てきた要素をしっかりと読み込んでいけばよいのです。**

なぜなら、そこで出てきた要素には限りなく欲求に近い本音が隠されています。その本音を形に変えて使えばいいだけなのです。

このときは、大学生の過去の経験の中で選ぶきっかけになった要素に「コテージなので朝まで騒いでも怒られない」というものがありました。もちろん、ディズニーの旅でコテージ宿泊プランを作ったりすることは不可能です。でも、**「朝まで騒いでも怒られない」という部分に学生が価値を見出しているなら、その要素を活用すればいいのです。**そのまま他社の事例を流用するのは著作権や商標などいろんな面で問題となりますが、アイデアを真似るのは合法ですし、世界中の会社で行われていることです。

余談になりますが、この考え方を教えていただいたのは、それこそ版権管理でいえば世界一ではないかと思うディズニーのカウンターパートの方からでした。

立場的には日本国内のディズニーのテーマパークにおけるマーケティング部門のカウンターパートとして、すべてのマーケティング施策を承認する立場にあった人なのですが、趣味のスキーに一緒に出かけたり、私が大阪の事務所で働いていた時に、プライベートで関西に観光に来た際は一緒に観光に出かけたりするうちに、個人的に非常に親しくなったのです。

当時、初めてフロリダのウォルト・ディズニー・ワールドに友人と旅行に行くことになり、公私混同ながらせっかくフロリダに行くのなら、ディズニー本社の方に聞くのが一番間違いがないと相談したのでした。仕事ではなくプライベートで遊びに行くことを非常に喜んでくださり、ホテルの手配から、レストランの予約、パークのチケット、レンタカーの手配まで往復の飛行機の手配以外は全てその方にしていただきました。

他社の成功事例から成功確率を上げる

出発直前にお礼と現地の遊び方を直で教えていただこうと一緒にランチをした時にこう言われました。

「フロリダには8つのパークやエンターテインメントエリアを持つウォルト・ディズニー・ワールドはもちろん、ユニバーサルスタジオも2つのパークがあるんだ。それ以外にもシーワールドもあるし、テーマパークとは少し違うかもしれないけどNASAもある。全部回ると1週間では回りきれないけど、目一杯エンジョイしてきてね。そして、ぜひ日本に持って帰れば面白そうなアイデアを探して帰ってくるんだよ」

それに対して私が「でも、面白い企画があっても、競合がやっている企画を日本とはいえ、行うのは難しいんじゃないですか？」と答えると、

「あくまでアイデアなんだよ。**日本人はすべてゼロから始めようとするけど、すでに存在するアイデアをさらにブラッシュアップさせるのも立派な方法なんだ**」

と返ってきたのです。

さらに続けて「**ベンチマーク**って言葉は知ってるかい？」と質問が返って来ました。今でこそ偉そうに、コンサルタントとして会社に訪問すると「ベンチマークはどこですか？」などと聞くこともありますが、生まれて初めてベンチマークという言葉を知ったのもこの時でした。

「**ベンチマークをわかりやすくいうとライバルだよ。そのライバルがやっている企画やサービスを法的に問題のないレベルで取り入れるのも立派なマーケティングなんだ。**

ユニバーサル・スタジオがアメリカで成功したのは、僕はディズニーランドがあったからだと思っている。でも、ユニバーサル・スタジオが成功したからディズニーランドもさらに成功した部分もあると思うんだ」と、答えてくれたのです。

英語力の低い私の理解ですので、多少間違って訳している部分があったかもしれませんが、この考え方を教わったからこそ、私が全く関係性のない別の業界で成功体験を積み重ねることができたといえます。

つまり、**どの業界においても、ほとんどの場合は成功事例があるわけで、競合の会社がなぜ成功しているのかを探り、真似ることから始めるのも立派な手法です。他の業界の成功事例のベースを持ち込むことで、ブルーオーシャン状態が生まれることも**

あります。

サラリーマンの世界で、新しく所属長になると過去の方法を全否定し、自分流を持ち込む方をよく見ます。多分、自分の力でここまで変わったというのを誇示されたいのだと思います。しかし、そういう方に限って、他社で用いられているアイデアがベースになったものを見ると、「競合に勝たなきゃいけないのに、競合と同じようなことをしててどうするんだ」「こんな考え方は古い」「うちは後発なのに差別化できてない」と、急に違った方向に方向転換してしまう傾向にあります。

ただ、表面上で新しいアイデアを持ち込んだり、手法だけ変えるやり方は結果的に失敗してしまうことの方が多い気がしますので、くれぐれもご注意ください。やはり、**成功しているものには、成功している理由があるので、その本質をしっかり見極めることが重要です。**

このような事例を含め、確かに日本人はゼロから企画を立ち上げることが好きな気がします。でも、たとえ企画はゼロから立ち上げても、アイデアを成功事例から持ち込むことで時間が大幅に短縮され、他での成功事例があるため、成功確率が高まるということも覚えておいてください。

『ディズニーのすごい集客』

購入者限定
特別プレゼント

ここでしか手に入らない貴重なコンテンツです。

特典 1

集客セミナー実績2000社以上の著者主催 出版記念セミナーへ無料ご招待（先着順・人数限定）

※セミナー開催期間終了後はWEB配信でご覧いただけます。

特典 2

5日間無料メールセミナー

本書には書ききれなかった集客のテクニックを大公開します。

1日目	書籍に書ききれなかった秘密の法則
2日目	お金がなくても集客できる方法
3日目	周りを巻き込む円（縁）の法則
4日目	情報が集まる月の法則
5日目	非常識すぎて本に書けなかった 成功の絶対法則と人生を破滅に導く禁断の掟

特典 3

365日毎日配信「集客のヒント365」メールマガジン購読

毎朝7時に日々の集客の実践で使えるキーワードを配信いたします。

3大特典を入手するにはこちらへアクセスしてください

http://frstp.jp/disney

※上記特別プレゼントはpixie dust株式会社より提供されます。
※コンテンツのご提供は予告なく終了となる場合がございます。あらかじめご了承ください。

そして、ご自身の日常の中でも面白い企画やサービスがあれば、ぜひノートにメモしてストックしておいていただきたいのです。そのストックこそが、未来のあなた自身のビジネスを拡大させてくれるアイデアになるのです。

大学生向けプランの完成

さて、話が少しそれてしまいましたが、改めて大学生の話に戻したいと思います。朝まで騒いでも怒られないコテージの宿泊の話では、次のような回答が返ってきました（次ページの図）。

この回答の中で、一番意外だったのは、例えばプールや海、温泉など、物理的に求める要素があると思っていたのですが、全く出てきていないのです。

なぜ、行き先の特徴が決め手の中にないのかを聞いてみると、「このメンバーで行くのだから、どこに行っても楽しめるのは間違いない。予算が高すぎず、皆で楽しめる感がわかればよい」と言うのです。

つまり、行き先を選定する優先順位としては、ホテルに帰ってからも語り合える場

今までのベストツアー	
行き先	琵琶湖の近くのキャンプ場のコテージ
行った時期	夏
メンバー	サークルの同期8人
予算	約15,000円（2万円以内ならそんなに差はなし）
決めて	コテージなので朝まで騒いでも怒られません 冷蔵庫内の飲み物飲み放題 琵琶湖でグループが楽しそうに遊んでる写真
思い出	みんなでダンスの振り付けを覚えて踊った事 みんなで撮った写メを他のグループに見せた事

と予算が先にあって、その後に候補地ごとの特徴や魅力の比較になるということなのです。そこで次のような要素を取り込んだ旅行商品づくりを進めました。

①昼間だけでなく、ホテルに帰ってから時間も気にせず朝まで話したい。
②全員で楽しんで、自慢できることをして、行けなかった友達に自慢したい。
③価格は2万円以内。
④グループの人数は6名から8名。

今まで、価値の話ばかりしてきましたが、商品を売る最終段階では価格も含めての価値を考えないといけません。どんなに価値があっても、価格が高すぎると価値がないのと同じだからです。
今回のパターンでいくと、完成した旅行商品は……

◆往路飛行機利用、復路バス利用、車中泊含む2泊3日
◆ホテルは東京ディズニーランドまで送迎バスのある提携ホテルで4名部屋を設定
◆さらにコネクションで8名対応まで可能
◆閉園後ホテルに帰ってきてからのお夜食ブッフェ無料
◆広告のメインビジュアルはパークで頭にミッキーのカチューシャをつけて記念撮影する女子大生
◆価格は2日間のパスポート込みで1万9800円から設定

……というものでした。

こだわったのは大人数で泊まれる環境を用意することと、友達に自慢したくなる写真を先に提示することでした。ホテルの方はなんとかエキストラベッドを入るだけ入れてもらい、部屋中ベッドという状況でしたが、学生のニーズをまさに取り込めた状

況でした。

またパークのイベントの紹介なども考えたのですが、ディズニーのテーマパークが楽しめる場所であり、そこにグループで行くとさらに楽しめるということはすでに理解されている以上、パークの紹介ではなく、自分達も自慢したいというイメージを先に提示してみることで来園意向を高められないかと考えたのです。

そして、最後に価格を2万円を下回る価格にしたことで、気兼ねなく仲間を誘えるという課題もクリアしました。本当は往復夜行バスにすると、価格はさらに下げられたのですが、学生が「往復夜行バスはバイトを旅行の前後休まないといけないからもったいない」と話していたのを思い出し、「旅行の前日もバイトを休まないでいい往路飛行機、帰りは時間を気にせず夜まで遊べる復路夜行バス」という書き方をしたのも功を奏し、このプランは前年の6倍近い集客を達成しました。

このようにコアターゲットの本質的な欲求から価値を見出し、グループでの価値を高めて商品づくりをすることで、目標としていた以上のリターンを生むことができるようになるのです。

第4章

ターゲットの求める「価値」がわかれば商品は独自化する

最近の事例では、夏フェスやカラーランやバブルランなど、グループでの参加を目指した企画においては、グループを取り込むために「みんなで楽しめる感」の訴求を確立させることで、一度に大きな集客を行うことに成功しています。

グループもしくは個人の差はあると思いますが、ぜひ、「ターゲットに向けた価値は何なのか？」「そのために自社のサービスや商品をどうすればいいのか？」を考えてみてください。そして、その先に生まれたものこそ、あなただけが提供できる、独自化された商品や企画になっているはずです。

ただし、忘れてはならないのは、商品を作り出す側が、本当に漏れがないというレベルまで、お客様のことを考えて作り上げなくてはいけません。そのために重要なのは、一人だけでなく複数の人間の目というフィルターを通すことです。

実際に旅行商品を作るためには、非常に多くの人が関わって作り上げています。それぞれが自分の会社や立場での利益だけを考えずに、企画として成功させる意識と、周りの人への想いやり、何よりお客様であるツアー参加者の最高の笑顔と幸せのためにという想いがあって初めて成功したということを覚えておいてください。

WORK

競合から自社の強みを再確認する

①自社のコア商品もしくはコアサービスの競合は何ですか？

②競合商品の魅力は何ですか？

③競合商品を上回る自社の魅力をあげてください。

第5章

新規顧客とリピート顧客の獲得法

新規顧客をどう獲得するか

第4章ではお客様の本質的な欲求から価値を見出し、商品を開発する仕組みを中心にお話ししました。でも、出来上がった商品が必ず売れるとは限りません。それは、お客様というものは基本的に疑り深いものだからです。売っているものが安ければ「騙されたつもりで」という方も多いと思います。ダメだったらもう買わなければいいという心理が簡単に働くからです。

しかし、値段が上がるにつれ、そういう感覚で購入していただけることすらなくなってきます。しかも、ディズニーのテーマパークの場合は1デーパスポートを買うだけでも7000円以上するわけですし、地方からの旅行となると一人数万円の出費になるわけです。これでは簡単に決めるわけにはいきません。

「ディズニーってリピーターが多いからそんなこと考えなくてもいいでしょ？」

「ディズニーは行けば楽しめるって誰もが思ってるんじゃないの?」

こう思われるかもしれませんが、現実はそんなに甘いものではありません。実際、人口に対して未来園比率が開示されておらず、リピーターの来園頻度も公開されていませんので、具体的な数字の開示はできないのですが、首都圏から離れれば離れるほど、まだ行ったことがないという方や、一度は行ったけど間が空いたという方が増えることは想像できます。

顧客属性を2種類に分類する

ターゲットを絞ることまでは考えられている方も多いと思いますが、次のステップで考えないといけないのは、**①新規顧客(今まで来たことのない方)**をどうやって取り込んでいくのか、**②リピーター(一度来てもらった方)**にどうやってもう一度来てもらうか、を分けて考える必要があります。

さらに、リピーターの場合、リピートさせるだけではなく、どの程度の間隔で再度購入したり、来園してもらえるのかを考えないといけないのです。当然、平均的な次回購入や来園の間隔が狭まれば狭まるほど、売上は拡大していくわけです。

そこで、第5章の前半では来た（買った）ことのない人をいかにして取り込むか、後半はいかにしてリピートさせるのかを中心に説明していきます。

2ステップ方式で新規顧客を集める

商品を初めて買う、サービスを初めて受けるお客様のことを、**トライアル客（もしくは見込み客）**といいます。この顧客を増やすことは、前章までで述べてきたように、その商品が生み出す価値が明確になっていれば、あとは売り方と売り場を押さえるだけです。実はそんなに難しくありません。

よく新聞広告やテレビ番組で、化粧品や健康食品の売り方を見ていると、「初めての方限定で初回半額！」「お試し2週間分980円！」といった広告や宣伝を見られたことがあると思います。

この売り方を、**2ステップ手法**と言います。金額を見て「こんなことして儲かるのか？」と思う方もいらっしゃると思いますが、まさにその通りで、広告費をかけた挙句、半額や980円では当然赤字になります。

では、なぜこうした売り方をするのでしょうか？

先ほど、「安ければ次買わなくてもいいから購入するときの障壁が下がる」という話をしましたが、まさにその理屈以外のなにものでもありません。

初めて買う人を増やしたければ、購入意欲をあげる優位性を高めるか（商品力を高める）、価格でお得感を出す。この二つが最も有効なのです。

もちろん、重要なのはトライアルを買っていただくことではなく、もう一度来店していただいたり、購入していただくことなので、そのために何をすべきかは考えておく必要があります。

嬉しい誤算だった「TDRへの旅フェア」

しかし、化粧品や健康食品のようにお試ししていただけるものであればいいのですが、ディズニーのテーマパークの場合は、「今までお越しいただけなかった方限定で、

500円で1時間パークの体験が可能です」というわけにもいきませんし、ましてや地方からの旅行となるとなおさらです。

そこで、今まで来園したことがない方に取り入れた手法をご紹介したいと思います。それは「TDRへの旅フェア」という全国各地のショッピングセンターで行ったイベントです。

全国各地からディズニーのテーマパークまでお越しいただき、お気軽に試していただくことができないなら、こちらから出向いて行って体験してもらおうというわけです。

この企画を思いついたのは、土日の大型ショッピングセンターはファミリー層が多くいるので、テレビCMと連動して、夏休みのファミリー集客を増やそうとディズニーの情報誌やお得な旅行のチラシのサンプリングを旅行会社と共同で行ったのがきっかけでした。

実は、サンプリングという企画自体がその時が初めてで、旅行会社単体で旅行のチラシのサンプリングを行うことはあっても、ディズニーの情報誌と一緒に行うのは初めての取り組みでした。

しかし、この時、私は、全く想定していなかった光景を見ることになったのです。

一つ目の想定外の光景は、チラシを配っているだけなのに段ボール箱まで押し寄せる人たちです。確かにキャラクターを表紙に配した情報誌ですが、数ページ程度の薄いツールですし、一緒に配布しているものは旅行のチラシです。サンプリングを行った商業施設の土日の1日の平均来店者数が12万人（約4万世帯）と聞いていたので、土日の2日間で8万世帯（グループ）が来店、1世帯（グループ）に1部渡して、配布効率3割程度で推定して、2日で3万部用意しました。

しかし、倉庫に運び込まれた3万部のチラシの山を見て、全て配りきれないのではないかと本心では心配していました。ところが初日の午前中だけで2万部近いチラシがなくなってしまったのです。あわてて、配布を中断して翌日に回すことにしたのですが、いちばんの誤算は、一人1部づつ欲しいと言われたことと、配布しているものの表紙を見て、配っているスタッフのもとへ人が殺到したことでした。

二つ目の想定外の光景は、アルバイトのサンプリングスタッフに対して、ディズニーのテーマパークのことを質問しに来る人が後を絶たなかったことです。パークの夏のイベントについては聞かれることがあるかと思い、事前にアルバイトのスタッフにも夏のスペシャルイベントの内容についてレクチャーしていたのですが、**夏のイベントについての質問はほぼ皆無で、実際にいちばん聞かれたのは、「小さな子供が一緒でも乗れるアトラクション」「お勧めの遊び方」が大半だったのです。**

質問に来られた半数の方が、ディズニーに行きたかったけど、行って本当に楽しめるか悩んでいたというのです。アルバイトのスタッフでは対応に限界があるので、私を含め、社員が対応したのですが正直追いつかず、現場にスタッフがいると質問を受けてしまうので、サンプリング時間以外はスタッフを控え室に戻したほどでした。

インターネットで検索すれば手に入らない情報はない時代になっても、やはり直接聞いてみることの方が、説得力があるというのが人間心理なのだと改めて実感しました。

迷うお客様の背中を押す仕掛け作り

なによりショッピングセンターでの、数多くの質問を通して、まだディズニーのテーマパークに行ったことがない未来園の方と、結婚や出産などライフスタイルが変わったことで、来園スタイルが変化し、行っても楽しめるかどうか不安を持っている方が、身近にたくさんいるという気づきは自分にとって非常に大きなものでした。

なぜなら、今まで、集客という概念の中で、年齢や属性といった切り口の中で、未来園の新規顧客を含めた集客施策については考えたことがあっても、未来園の新規顧客だけを対象としたり、過去来園したことはあっても、ライフスタイルが変わったことで新規顧客と同様の顧客心理を持っている方への取り組みというものは考えたことがなかったからです。

このサンプリングがきっかけとなり、未来園の方や、前回の来園から間が空きライフスタイルが変わったという方の、来園に対しての心理的障壁を取り除き、集客を拡大させようと実施したのが、「ＴＤＲへの旅フェア」でした。

「ＴＤＲへの旅フェア」の内容は、未来園の小学校低学年ぐらいまでの小さな子供のいるファミリーをコアターゲット、サブターゲットにヤングのカップル（幼少時に家族での来園経験はあり）を設定しました。

【フェアの内容】

・ディズニー情報誌のサンプリング
・ステージでのディズニーイベントの紹介
・ホテルのセールスマンによるホテル毎の特徴の紹介
・小さな子供づれでも楽しめる遊び方の紹介パネルの設置
（アトラクションの年齢制限や身長制限の告知）
・ディズニーキャラクターパネルとのフォトロケーションの設置
・ディズニーのテーマパークのインフォメーション映像のエンドレス放映
・ラジオの公開放送（一部の会場のみ）

決してキャラクターが来るような特別なイベントではないのですが、必要な人に必要な情報が届くようにしたことと、ラジオの公開放送やフォトロケーションを設置することで、ラジオや来場者のネットワークを通じて、イベントやディズニーの情報の拡散を目指したのです。

結果的にこのイベントを実施したことで、旅行という高額商品にもかかわらず、当日はショッピングセンター内にある旅行会社で、ディズニーのテーマパークの旅行の申し込みをする人が後を絶たなかったのに加え、会場で配布したチラシに掲載されている商品での申し込みが1ヶ月程続きました。しかも、大半が未来園のお客様だったという、狙い通りの嬉しい報告付きでした。

展示・サンプリングが効いた理由

では、なぜ展示やサンプリングだけで、受注が増えたのか？

一つ目の答えは、**フォトロケーションやイベントのパネル、パークのインフォメーションビデオを見ている子供の笑顔を見て十分にトライアルができたからなのです。**ここで子供が見向きもしないとなると結果は違ったと思います。

確かにテレビ番組で特集される時以外は、パークの映像をじっくり見られる機会は少ないと思います。なので、親からすると子供はこんなに好きだったのか、と新たな発見をされた方も多くいらっしゃいました。

同じく、カップルの方も、たいていは男性の方が未来園者なのですが、**イベントの**

チラシを見て目を輝かせ、楽しそうに写真を撮る彼女を見ていると、男性としても行かないわけにいかなくなってしまったわけです。このように、トライアルということを意識したプロモーションを行うだけで、来園障壁を一気に取り去ってくれる効果があるのです。

もちろん、ライフスタイルが変わった方には子供の笑顔だけでなく、お勧めの遊び方やアトラクションの情報が掲載されていたことで、遊びに行く際の心理的な障壁が下がったことも要因にあげられます。

トライアル施策で重要なクロージング

ちなみに、このショッピングセンター内の旅行会社には、ちょっとした工夫をしていました。それは、お客様が旅行会社に行った時に、ターゲット別に「カップルにおすすめ」「ファミリーにおすすめ」とおすすめのプランやパンフレットを一目でわかるようにポスターやPOPにして掲出しておいたのです。

あなた自身も経験したことがあるかもしれませんが、**旅行に限らず、欲しいと思っ**

て店に行ったのに、欲しい商品がどこにあるのかわからなかった、欲しい商品が売っていなかった。これは完全に販売する側のミスです。

購入障壁を取り去り、買いたい気持ちにさせたのに購入場所がみつからなかったり、行っても売っていなかったというのは絶対にやってはいけないことなのです。しかし、このときは価格を含めた商品づくり、プロモーション、販売場所と全てが揃ったことで、今まで行ったことがないという層の取り込みに見事に成功したのです。

もちろん、ショッピングセンターのプロモーションだけが全てではないのですが、ターゲットである未来園の子供連れのファミリー層やカップルに対して、それぞれが来園障壁となっていた部分を解消し、本質的なパークの価値を訴求することで集客を拡大できたことに大きな意味がありました。

旅行に限らず、一般的に考えれば体験できない商品というものもあると思います。しかし、本質的な価値やターゲットが定まっているのであれば、何らかの形でトライアルを提供し、購入障壁を低くしてあげることで、求める顧客の獲得がよりやりやすくなるはずです。

ディズニー以外では、アーティストのファンクラブ事業に関わった時に、会員専用の会報誌を無料配布して、会報誌に書かれているファンクラブ限定のメッセージや情報を体験させることでファン心理をくすぐり、新規入会に繋げました。

トライアル施策を意識していなかった、やったことがないという方は、ぜひ前向きに検討してください。

ただし、一つだけ気をつけてほしいことがあります。

それは、トライアルの先を必ず考えておいていただきたいのです。トライアルで満足されるというのはお客様にとってはいいことかもしれませんが、それではビジネスは成り立ちません。トライアルを経て、次はお客様にどんな行動をとっていただきたいのかをよく考えておいてください。

また、トライアルされたお客様に2回目の購入をしてほしいからと、売り込みすぎないことです。売り込まれすぎると、人はいいと思っていても購入意欲が薄れてしまいます。今までの苦労もすべて水の泡となってしまいます。

もちろん、商品やサービスに独自性があればあるほど、トライアルは有効な施策になります。初回の購入で苦戦している場合や、初回の購入者数を拡大させたい場合などはぜひ活用してみてはいかがでしょうか。

WORK

トライアル施策を考えよう

①あなたの商品やサービスを手軽に試してもらうことで購入につながるターゲットは誰ですか？

②トライアルはどのような方法が考えられますか？

③トライアルから本購入につなげるためにどんな施策を考えますか？

購入前にリピートを約束させる手法

トライアル施策に続いて、**お客様をどのようにリピートさせるか**についてご説明します。ディズニーに関して、他の書籍でもリピートの秘訣については数多く取り上げられていますが、共通するのはパークのイベントや定期的なアトラクションの導入など、ソフト側の「飽きさせない」工夫によるものというのが大半です。

そこで、**本書ではあえてパーク視点ではなく、マーケティング的な視点から見たリピートの秘訣をお伝えします。**

ビジネスで重要なことは、いかにお客様と継続的な関係を構築できるかです。どんなに魅力的な商品だったとしても、リピートさせる方法を最初に考えないで、ただ売っていては宝のもちぐされ。その商品での収益を上げるチャンスを逃してしまう可能性さえあるのです。もちろん、ほとんどの方がリピーターを作りたいと思っているでしょう。では、次の質問にどう答えられるでしょうか？

〈質問〉どのようなお客様に、どの程度の頻度でリピートして欲しいですか？

この答えが、すぐに明確に答えられた方は、そのターゲットをリピートさせるのにそれほど手間がかからないと思います。

しかし、**この答えが明確に答えられなかったり、漠然としていた方は改めて誰をリピートさせたいのかを考えてください。**誰でもいいので気に入った人がもう一度買ってくれればいいという考え方では、計画的なリピートを生み出すことはできません。

来園前からリピートを約束させる「パスポート戦略」

ディズニーのテーマパークの場合、首都圏に住んでいる方と地方に住んでいる方では当たり前ですが、平均的な来園頻度に大きな差が出ます。当然、首都圏の人をリピートさせるのと、地方の人をリピートさせるのとでは方法が変わってきます。

しかも、地方の人の場合、旅行ということになると毎年行く人の比率は少なくなってきますので、リピーターとはいいながら、間が空き、ライフスタイルが変わってしまうことで新規顧客同様のマインドになることも多々あります。

では、彼らをリピートさせるためにどうすればいいのでしょうか？

一般的な考え方ですと、サービスにせよ、商品にせよ、購入したり体験してから、満足や感動というステージがあり、その次にリピートという行為が起こると大半の方が思われているはずです。

しかし、**ディズニーのテーマパークの場合、実は来園前からリピートしなければならない仕組みがすでに作られています。**つまり、購入も体験もしていないのに2回目を約束している。そんなことが現実的に起こっているのです。もちろん、全ての人がその対象になるわけではありませんが、かなりの確率で、この仕組みをゲストは利用しているのです。

それは**「パスポート戦略」**です。

ディズニーのテーマパークでのリピートの基本の仕組みは、「2デーパスポート」「3デーパスポート」などの「マルチデーパスポート」と「年間パスポート」「アフター6パスポート」といったパスポート戦略なのです。それぞれのパスポートで役割は微妙に違いますが、最初に2デーパスポートを買った人は、翌日リピートすることになります。また、アフター6パスポートなどは日帰り圏の人のトライアルにも使えますし、手軽なリピート支援策にもなっています。年間パスポートは名前の通り、ハードリピーターのためのパスポートです。

地方からお越しのお客様に、どのような頻度で次回来園を考えていただこうと定義しても、時間が経つと、お客様の状況も大きく変わってしまいます。であれば、翌日「なるほど」と思われた方も多いのではないでしょうか？

リピートしていただこうと考えるのが、最も堅実な方法です。

リピーターというと、イメージ的には定期的に来てくれるイメージが強いですが、定義は自分たちが考えればいいわけで、ディズニーの場合、自分がリピートしていることすらゲストに意識させずに、リピートさせているのです。

リピートするユーザーメリットはそこにあるのか？

このような手法が活用されているのはテーマパークだけではありません。

エステの回数券や健康食品の定期購入もそうですし、最近では車を購入した際に、一括で代金を支払うと、定期点検の際のオイル交換代や部品代も含まれていて、お得になるメンテナンスパックもあります。これもサービスを受ける前に3年間のリピートをまとめて約束しているというモデルです。

全く違う業種では、歯科医院でも3ヶ月毎の定期診断の重要性を小冊子で配布し、3ヶ月後の検診の予約を治療終了時にとってもらってリピートしていただくという事例もあります。リピートという行為は品質と比例して発生するイメージが一人歩きしていますが、実際は購入前から仕組みが作られていることも多くあるのです。

あなたのサービスや商品では、気づかないうちにリピートさせる仕組みがすでに作られているでしょうか？

ただ、ここで重要なのは、**どの仕組みもお客様目線に立ったときに、明確なメリットが提供されている**という点を忘れないようにしてください。健康食品やエステの場合、回数を重ねないと効果を体感できないことの方が多いですし、車でも毎回違うお店やガソリンスタンドでオイル交換をするより金額的にお得で、かつ定期点検と一緒にやってくれるので時間のロスもなくなります。歯医者さんでも、虫歯のリスクを減らせるメリットが明確にあるからリピートが発生するわけです。

購入後にリピートしてもらう方法

購入前の仕組み作りが重要なことはご理解いただけたと思いますが、全ての人がその仕組みに乗ってくれるわけではありません。ですので、購入後にどうすればリピートしてもらえるかを考えないといけません。

そのために重要なことは、まず最初に誰をリピートさせたいかを明確にすることです。

「その方が前回に来園したのはいつか？」「前回購入したのはいつか？」

そんな風に、ターゲットを明確にしてイメージすると、その人がリピートするために取り除くべき購入障壁が見えてきます。

結婚したてのカップルを例にとると、次回は子供が一緒の可能性が高いわけです。そうすると、今度は子供と一緒に楽しめるのかどうかという購入障壁が立ちふさがります。

その場合、「前回の来園から間が空いた方、前に行ったときからライフスタイルが変わった方も安心！」と思えるコピーを目立つように書いた手書きのポスターやチラシを製作します。そこへ小さな子供連れの方へお勧めの遊び方や、アトラクションの身長制限や年齢制限の情報を記載して店内に設置したり、配布するだけで対象の方から申し込みが増えた事例もありました。

売っている商品は同じディズニーの旅行のパンフレットであっても、特別にターゲットを絞ったわけではなく、ただ欲しい層を増やすために購入障壁を取り去るポスターやチラシを追加しただけなのですが、純増を生み出したわけです。**大掛かりに、そのための商品や企画を作らなくても、根本的に商品に対するネガティブな要素がなければ、リピートしていただける可能性は高まるのです。**

ぜひあなたも、自社分析をしながら、リピートさせるためにどうすればよいか、考えてみてください。具体的に誰をどのタイミングでリピートさせたいかを考えていくと、どうすればよいかという点は意外に簡単に見つかるはずです。

リピートを誘う時に絶対にやってはいけないこと

ただ、リピーターをたくさん生み出すために絶対にやってはいけないことがあるので、それを本章の最後にお伝えします。

それは「商品があるので販促しないといけないんです」「売ることが決まってるので、この商品だと厳しいとわかってるんですが……」と言いながら販促をかけること。

意外とこういった話はよく聞くのですが、実はこれほど危険なものはありません。

絶対に覚えておかなければいけないのは、お客様というものは一度ダメだと思った会社やお店のことを本当によく覚えています。

私が以前関わっていた会社で、製造工場のミスで商品への異物混入があったのですが、最初は「影響が限定的」との判断で公開せずにいました。しかし、結果的には全ての商品に入っている可能性があり、全顧客へ通知しなければならなくなりました。

当然ながら、初動の遅さが多くのお客様から指摘され、**その結果、今まで長い間リピートしていたお客様まで一度に失い、10年近く経った今でも当時の売上レベルに戻れ**

ないでいます。

また、別の会社では、コア商品が順調に伸びていたのに、開発部門が商品を作ったからと、顧客のニーズと合わないことを分かりながら、その商品を、コア商品を購入しているお客様に必要以上に販促した結果、**コア商品の購入さえ落ちてしまったという事例もありました。**

このように、顧客ニーズに合わない商品を発売してしまったがゆえに、コアの商品も売れなくなったというのもよくある話ですし、その逆で、一つの商品があまりにいいので、他の関連商品も全てブランドスイッチしていただけたということも比較的起こりやすい話なのです。大切なのは、必要とする人に必要とする価値を提供するビジネスの基本を成立させた上で、リピートを目指すということなのです。

WORK

リピーターを増やす

①リピートして欲しいターゲットは誰ですか？

②その方の購入阻害要因を分析してください。

③具体的にどのような施策が有効と思われますか？

第6章

集客のための7つのステップ

最初に押さえるべき4つのステップ

ここまで事業の目的や商品やサービスの価値について理解することの重要さを繰り返し書いてきましたが、お客様目線でそれらのことを考えるだけではなく、集客を実現するためには、よりシステマチックに考えないといけません。そのために、絶対に押さえないといけない点が順に7つあります。

①【business objective】目的

②【WHO】誰に？

③【WHAT】何を？

④【WHO】誰と？

⑤【WHERE】どこで？

⑥【WHEN】いつ？

⑦【HOW】どのように？

1つ目から3つ目のポイントは、ここまでの章で述べてきたことですので、簡単におさらいします。

まず、最初に考えないといけないのは【business objective＝目的】です。目的と目標を混同する方も多くいらっしゃいますが、一番最初に考えないといけないのは目的です。2章でも述べましたが、商品やサービスの存在価値そのものが目的に最も近いと考えてもらえればOKです。

ディズニーの場合の価値は、人々へのハピネスの提供。つまり、「夢」「感動」「喜び」「やすらぎ」を提供することが目的になります。

もっとわかりやすく身近な例をあげると、**「健康と異性からの憧れのために痩せることを決意して、スポーツジムに通うようになったAさん」の場合は、「自らの健康と異性からの憧れを得ること」が目的になります。**

つまり、何のために集客したり販売するのかということを最初に考えないといけないのです。もちろん、商品やサービスの価値をしっかり理解していれば、あえて意識するほどのことはないのかもしれません。

2番目に考えないといけないのは、【WHO＝誰に？】。つまり、ターゲットを明確にするということです。第3章でいくつかのパターンを提示しましたが、ここで誰をターゲットにするかを明確に決めておかないと、この後の行動がすべてブレてしまいます。

3番目に考えるのは、【WHAT＝何を商品とするのか？】という部分で、本書では第4章の内容にあたります。同じ商品やサービスでも、ターゲットが変わることで、お客様が求める価値に変化が起きるため、商品やサービスの構成、打ち出し方などを変えることで、よりニーズにあった商品づくりが必要という考え方です。

ところが、この3つのポイントだけでは集客はうまくいきません。この章では、残りの重要な4つのポイントを詳しくご紹介します。

成功するチーム作りの秘訣

4つ目のポイントは【WHO】です。「誰をターゲットにするか」の【WHO】とは異なり、ここでは**「誰と一緒に仕事を極めるか」**です。ここまで、いくつかの成功事例やポイントをお伝えしてきましたが、どれも一人でできるものではありません。社内、社外といった立場も関係なく、目的に向かって、関係する人が必要とされる場所で必要とされる働きをしないと、どんなに素晴らしい企画や計算された施策でも、成功することはありません。

つまり、チームワーク作りが重要なのです。

ウォルト・ディズニーも「私が成し遂げた最も重要なことは、ともに働くみんなをまとめ、同じ目標に向かわせたことだ」と言っています。ウォルトほどのアイデアや推進力があっても、一番成し遂げたと思えることはチームワーク作りだったといっているのです。

退職後、たくさんの会社の方と一緒に仕事をさせていただく機会がありましたが、その度に、私が感じたのは、ディズニー以上に社内・社外問わず人のことを大切にする会社はないということでした。

人というものは本質的に使命感だけでは動けない生き物です。どんなに商品やサービスに誇りを持っていても、お客様への想いだけでは息切れしてしまうことがあります。でも、そんな時に仲間がいれば違います。一緒に働く仲間がいるから乗り越えられることがたくさんあるのです。

では、どのようにしてチーム作りをしていけばいいのか？

ディズニーの世界で一番多く見てきた方法は**「ゴールのイメージからチームを作り上げる方法」**でした。ゴールをイメージするだけで人は大きく変わってきます。言葉でいうと非常に単純に聞こえますが、これほど奥が深いことはありません。

まず、自分たちのチームに求められているゴールを明確にします。社内の人間だけの場合、比較的ゴールイメージの共有は簡単にできるのですが、社外の人も入ると、このステップをしっかり踏んでいるかどうかで成果が大きく変わってきます。

例えば、地方からのディズニーのテーマパークへの集客を増やしたい私と、旅行商品を売りたい旅行会社の担当者、自分のホテルに泊まってほしいホテル担当者がいた場合、ディズニーのテーマパークへの集客という目的は同じはずなのに、それぞれのゴールは微妙に違います。

それぞれが自分のゴールを目指すだけではチームワークは形成されません。この場合ですと、**ディズニーのテーマパークに訪れるゲストの体験価値こそが共通のゴール**

になるのです。そのためには、(何度も書かせていただいていますが)お客様の立場でいかに考えるかということです。ゲストの気持ちになって、パークで何を得ていただくのかを考えることが共通のゴールになるわけです。

ゴールが見えると、メンバーを見渡します。もちろん、この場合はまだ足りないメンバーがいても大丈夫です。その上で、ゴールを達成するために必要なメンバーを考えるのです。

「必要なメンバーを選定するのは映画のエンドロールを考えるようなもの。映画のストーリーをハッピーエンドで終わらせるために、自分以外に誰が出演して欲しいか考えればいい」

このように教わったこともあります。ゴールが先に見えているので、メンバー一人一人に必要な役割も明確になってくるのです。つまり、**この段階でチームのあるべき姿が浮き彫りにされ、それぞれの役割が「見える化」されるのです。**

ここまでいくとチーム作りのフレームはほぼ固まったようなもので、それぞれが自分の状況を共有しながら与えられた役割を徹底すれば、掛け算でチームワークはよくなるのです。なぜ掛け算かというと、自分の状況を共有しながら進むことで、遅れていることや、間違っていること、できていないことを他のメンバーがサポートできるからです。

ゴールがバラバラのままですと、他人の仕事には無関心になってしまいがちですが、ゴールが共有されていることで、チーム内でできていないことにも目が回るようになります。

誰もが「自分にしかできないことがある」と思えるチーム

実際に私が作っていったチームの話を紹介したいと思います。

そのチームは旅行会社の主要な店舗から代表を1名選んでもらい、関連するホテルの方と共同で「ディズニーのテーマパークへの旅」の価値を高めようというチームでした。

この時のゴールは「ディズニーのテーマパークに行かれるゲストのハピネス」です。

チームを作った目的は集客ということもあるのですが、旅行会社の店頭で商品を販売される方や宿泊されるホテルの方と一緒にチームを作ることで、パークだけでなく店頭に来られた時から帰宅するまで、最高のハピネスを提供したいという想いでした。集客という面ではすぐに結果が出なくとも、それぞれの立場でハピネスを作るために協力することでパークだけでは得られない感動を得ていただき、リピートにつなげたいと考えたのです。

チームといいながら、月に1度ぐらいしか集まれず、テーマが広く、それぞれの役割の共有や取り組み事例の共有もリアルにできない部分もあり、苦労したのですが、ある店舗の女性社員から次のような話を聞きました。

そのお客様は50代ぐらいのご夫婦だったそうです。

ディズニーのパンフレットを何冊か持ってカウンターに来られた二人は恥ずかしそうに「二人でディズニーランドに行きたいんですが初めてで……どのホテルを申し込むのがいいのかもわからないので……」と質問されたそうです。

対応した女性スタッフは自分が最近ディズニーのテーマパークに旅行に行ってきた

ばかりということもあり、オススメのホテルだけでなく、パークでの遊び方までアドバイスをすると、その場で申し込みまでしていただけたそうです。

帰り際に奥様が

「実はこの人ガンの治療中なんです。でも、二人でいつか行きたいねと言ったままこの歳になってしまい、もし、これ以上進行してしまうと夢が叶わなくなってしまうので思い切ってすぐに行こうと決めたんです。今日はいろいろ詳しい情報を教えていただき、行こうって決めて本当に良かったです」

とお礼を言われて帰られたそうです。

対応した女性は、自分に何ができるか考えた結果、新幹線のチケットを往復とも富士山が見える側に指定。宿泊されるホテルの担当者にもこの情報を連絡し、本来は部屋の指定はできないところ、特別にディズニーランドが見える部屋を確約してもらい、自分の手書きの手紙を部屋に届けてもらう段取りをしたそうです。

そして、それから3ヶ月程後に、その奥様から1通の手紙が届きました。二人でディズニーを楽しんだことや、新幹線から見た富士山が綺麗だったこと、ホテルに帰ってからもテラスから東京ディズニーランドの夜景を楽しんだことへのお礼とともに、ご主人が亡くなられたことが書かれていたそうです。

その時彼女は、旅行会社の店頭で受付をする自分にも、お客様を幸せにすることができることに気づいたそうです。旅行会社の店頭で働く彼女から「自分にしかできないことがある」と話を聞き、このチームを作ってよかったと自分のことのように嬉しかったのを覚えています。さっそく次のミーティングでこの話をメンバーと共有したのですが、それによって一層チームとしての目的が明確になり、手応えを感じることができました。

ゴールが明確になると人は動き出す。このことを実感した瞬間でもありました。

WORK

商品やサービスを広げるチームをイメージする

①あなたのチームのゴールは何ですか？
（今はない場合は今後の計画でもＯＫです）

②そのチームにはどんな人が必要ですか？　それぞれの役割も書き出して下さい。

③チームで情報を共有して、お互いにサポートするためにはどうすればよいですか？

売り場を攻略するステップ⑤

5つめに押さえないといけないポイントは、**【WHERE】「どこに集客するの?」「どこで売るの?」**です。

自社の店舗だけで販売したり、サービスを提供しているという方はもちろん、自社の商品を流通に卸している方は、販売している店舗に人が来て、かつ自社の商品を選んでもらわないといけません。WEBで販売している方は場所がインターネット上になるというだけで基本的には同じです。

そして、**全てに共通するのが、今の時代はWEBで検索したときに販売場所や購入方法が明確に分かることが重要です。**

たとえ、WEBでは買えないとしても、WEB上に情報が全くないというのは戦略的に情報をクローズしていない限りありえないのです。そして、一番やってはいけないのが、お客様が商品を購入したくて探したけど、「どこにも売ってなかった」という事故です。
なかには意図的に流通量や販売量を調整して、売り切れ商法的に手に入りにくいことを売りにする企業もありますが、そういった手法はあまり見習わない方が賢明です。商品はとにかく欲しいと思えば手に入るというのが原則です。

ターゲットが集まる場所に商品がなければ完全にアウト

売る場所を考えるときにも、重要なのはターゲットの存在です。ターゲットが買いに来ない場所にいくら品揃えが実現できていても、当然商品の売上が大きく伸びることはありません。

一方、ターゲットが買いに行くような場所に自社の商品が置かれていなければ、もはやビジネスを続ける資格すらないのです。それぐらい、販売場所は重要です。

そこでまず考えないといけないのは、ターゲットが購入しやすい売り場を明確にすること。ディズニーのテーマパークの場合も、首都圏以外の集客ではインターネットと旅行会社が重要な販売チャネルとなっています。

しかし、旅行会社といっても数多くの旅行会社があります。例えば、大学生を取り込みたいとなると、大きな駅の駅前にある旅行会社より、大学生協の旅行コーナーや大学の最寄り駅にある旅行会社の方が圧倒的にリーチしやすいです。

子供連れのファミリーとなると大型ショッピングセンターにある旅行会社が非常にターゲットとの親和性が高いです。しかも、店舗にパンフレットがあるだけではなく、数多くの旅行パンフレットが並ぶ中で、いかに売りたいターゲットにＴＤＲの旅行パンフレットを目立たせられるかが重要になってきます。

旅行会社もビジネスですので、一番儲かる商品や集客が見込める商品を目立たせようとします。**他の業態でも同じだと思いますが、目立っている商品というのは、良し悪しは別にして、消費者ニーズが高い場合もありますが、それ以上に販売する側の意図が大きく働いています。**旅行商品に限らず、各社があの手この手で目立つ場所や目立つ方法を取りにきているわけです。

つまり店舗を攻略しないといけないわけです。

もちろんディズニーには絶対的な強みがありますが、それでもなにもしなければ一番目立たせることはできません。

では具体的に何を行って、売り場を攻略するのか？
それは「売上イメージの訴求」と「売り場の人とのリレーション強化」です。

自社商品の「売れるイメージ」作り

旅行会社もビジネスですので、売れる商品、儲かる商品を当然売りたい。**では、何が儲かる商品で、何が売れる商品かを判断させるために必要なのはなにか。相手に「これは儲かる」と確信させる説得力なのです。**要は自社の商品は、他の商品とこんなに違いますよという説得ができるかどうかにかかってきます。

一番わかりやすい例を挙げると、**インセンティブ**があります。この商品を売っていただくと通常よりさらに多く手数料をお支払いしますといった企画です。もしくは、その店舗での売上強化や集客のために、折り込み広告の実施などの特別な販促施策も効果的です。

ただ、そうした直接的な施策ができるならそれに越したことはありませんが、「テレビCMがいつからいつまで流れるんですよ」といった情報や、雑誌で特集される、新聞広告を掲載するなど、店舗の経営陣が知ったときに、それはお客様が増えそうだという情報をしっかり提供することでもいいのです。

もちろん、広告などは予算的に打てないことも多いでしょう。その場合、商品を使われている方の実際の声や、商品がたくさん売れた実績、そのときの取り組み事例などを紹介することで、まずは共感を生み出すということが重要です。

また、その店舗で売られている自社の商品が目立つように、ＰＯＰ等の販促ツールを提供するというのも非常に効果的です。売り場の方が「この商品をプッシュすると売上が上がりそうだ」とイメージすることが重要なのです。

これが自社の店舗だとしても同じです。美容院やエステのように、集客から販売まで、全てがその店舗で完結するような場合でも、集客を試みたターゲットが求めている商品やさらにアップグレードしてくれそうな商品が一目で目立つようにしていないといけないのです。

当然ですが、従業員の方がその商品やサービスについて聞かれた時に、答えられないというのもあってはいけません。お客様が店舗にまで来ていただけたということは非常にホットな感情を持っている証拠です。でも、最後の最後で、その感情を裏切ってしまうと購入に結びつかないどころか、二度と来てくれなくなることもあるのです。WEBの場合も同じです。集客して販促した商品がどこにあるかわからない。購入までに複数のステップがあり、手間がかかってしまう。チェックする場所や同じようなことを何度も打ち込まないといけない。こうした購入マインドが低下する問題のないように事前にチェックが必要です。

売るためのマインドセット

そして、もう一つ売り場を攻略するために効果的なのが「マインドの醸成」です。店舗で商品を売るのは人です。販売場所がたとえWEBであったとしても、そのサイトを構築するのは人であり、つねに人が必ず存在するのですが、その人が売りたいと思うのは必ずしも儲かるからというだけではないはずです。人には必ず想いが生まれます。**「私はこの商品が売りたい」と思ってもらうために何ができるかを考える必要があります。**

ディズニーでは、そういったマインドの醸成を目的に、旅行会社とのリレーション強化のための全社的な企画と、それに連動した各エリア別の企画がありました。

まず、全社的に実施するのは「ファムトリップ」という企画です。

「ファムトリップ」は、いうなれば大規模なディズニーのテーマパーク視察会です。全国の旅行会社の店頭の販売員の方を同じ日に一斉に招待して、これから開催されるイベントや新規導入予定のプレゼンをした後に、パークを体験していただくのです。

さすがに全ての旅行会社の店舗からというわけにはいきませんが、なるべく多くの方が参加していただけるよう、航空会社・JR・各旅行会社の本社・提携ホテルなどと連携し、全国の旅行会社から極力費用をかけずにディズニーのテーマパークを体験できるような企画に設定するわけです。

参加者の満足度は非常に高いのですが、大切なのは、来ていただくことより、来ていただいた後です。このタイミングでエリア別の企画を導入します。

例えば、参加者をリーダーとして各店舗でのディズニー販促キャンペーンコンテストを行ったこともあります。パークに実際に足を運んでもらっているので、その感度が高いうちに、実際にゲストとしてパークに行った目線で店舗のキャンペーンを考えてもらうのです。もちろん、コンテストの内容に応じて賞品を提供するので、楽しみながらも真剣に取り組んでもらうことができます。

あくまでコンテストなので強制はできないのですが、ファムトリップ参加者のいる店舗はほぼ100%このコンテストに参加してもらえたので、いかに体験型の企画がリレーション強化に役立っているかおわかりいただけるかと思います。

当然ディズニーのテーマパークの集客に対してやる気も思い入れもあるので、その方を足がかりに店舗との関係性をさらに密にしていくというわけなのです。ここで重要なのは、関係する人々を1人でも多く「この商品を売りたい」と、いかに本気で思わせられるかです。

ぜひ、売り場をいかにして極めるかということを改めて考えてみてはいかがでしょうか。

WORK

売り場を攻略する

①あなたが一番集客したい場所はどこですか？

②どうすれば自社の商品やサービスは他の競合より魅力的だと伝えられますか？

③集客したい場所で働いている方のマインドを取り込むためにどんなことができますか？

ステップ⑥ 時期を明確にする

6つめに考えないといけないのは、**【WHEN】「いつ集客したいの?」**です。

一言に集客といっても、いつ集客したいか、しっかり考えるところから始めないといけません。開発担当者が新しいものを作ったから売る、売上が下がってきたからセールスを強化するといったことをしていては集客も売上も下がる一方です。

大切なのは、ここまでターゲットや販売場所、販売方法など固めてきているわけですので、「いつ集客したいか?」についても明確にしておくことです。仮に年間を通して集客したいのであれば、そのための方法を考えないといけません。つまり、「誰に」「何を」「どこで」「いつ」集客(販売)したいかが定まって初めて、「どのように実現させるか」に進められるわけです。

早すぎても遅すぎてもいけない

ディズニーのテーマパークの場合は、季節的なイベントで集客を下支えしているので、いつ誰を呼ぶというのは非常に重要な部分でもあります。例えば、11月上旬から12月末までのクリスマスの集客を考えた場合、日帰り圏である首都圏向けでは、あまり早くから告知をやりすぎると、その前にやっているハロウィンのイベントと重なってしまいます。しかし、かといって、告知が遅すぎるとクリスマスの集客に間に合いませんので、集客したい時期を考えて方法を考えることが非常に重要になります。

地方からの集客においてはもっとシビアで、あまりに告知が早すぎると首都圏と同じようにカニバリーが発生するリスクがあります。かといって、近すぎると旅行の予定が組めないといった現象が起きてしまいます。

ここで一つの実話をご紹介したいのですが、集客したい時期のどのぐらい前にどのような施策を投入するのが効果的か考えていたとき、偶然あるお客様の姿を生で目にしました。

それは、本書の中でも出てきたショッピングセンターでの「TDRへの旅フェア」の会場だったのですが、設置されたモニターから流れるクリスマスのイベント風景を見た子供が「お母さん、ディズニーランドに行きたい」と切に訴えだしたのです。

すると、このお母さんが子供に

「お父さんも、お母さんも一生懸命働いてるんだけど、東京に行くのはお金がたくさんかかるの。だから、今年は連れていってあげられないけど、必ず来年は連れていってあげられるようにするから、今年はここでいっぱいきれいなショーのテレビを見て我慢してね」

と声をかけたのです。

内心、胸にこみあげるものもありましたが、この一言が自分のモヤモヤを一気に解決してくれるきっかけにもなりました。それは、どの時期に集客したいかから考え、どの時期に販促をやれば一番効果的かを考える必要はあるものの、**普遍的なテーマや価値をベースに訴求ができれば、たとえ今年の集客につながらなくても、決して無駄にならない**ということです。

つまり、**「未来のお客様の先取りをしていると考えればいい」**と気づいたのです。

シーズン毎の魅力の訴求をしたとして、ディズニーらしさを感じる企画を継続していくことで翌年以降の集客の確実な下支えが作れるというわけです。

実際にターゲットを明確に絞り込み、翌年の集客のために前年にイメージをしっかり植えつけることで、前年のプロモーションに起因して来園されたという方もたくさん見てきました。

このように方法はいろいろあるのですが、まずはどの時期に、どの程度の規模で集客したいのかということを明確に持っていないといけません。もちろん、希望ではなく具体的な根拠が言えることが必要です。

WORK

集客したい時期を明確にする

①あなたが集客したい時期はいつですか？　そのために、いつから準備を始めればいいですか？

②具体的にどのような時期に仕掛けるのが有効と思われますか？

③それはなぜですか？

最後にたどりつくステップ⑦

7つのポイントの最後に考えないといけないのは、**【HOW】「どのように集客するのか？」**つまり、集客のための「手段」の部分です。

いくつか身近な例を挙げると――

例①
「日頃の運動不足が気になったAさんが、運動不足解消のために、毎朝一駅前手前で降りて一駅分歩くことにした」

「運動不足の解消」という目的のために、**「一駅手前から歩くことにした」**というのが手段である**【HOW】**です。

例②
「会社での残業を少なくして、家庭での子供との時間を増やしたいと思ったBさんが、今までは新聞を読むだけだった電車での往復通勤時間にレポートを書くようにした」

「子供との家庭での時間を増やす」という目的のために、**「往復の通勤時間にレポートを書くようにした」**というのが手段である【HOW】です。

ここで重要なのは、いきなり手段である【HOW】を考えるのではなく、本書で取り組んできたように、目的から順に5つのポイント（誰に・何を・誰と・どこで・いつ）を考えてから手段を考えることです。

一番多い間違いは、課題からいきなり手段を導き出そうとするケースです。

第2章で健康食品の定期コースへの引き上げ率に伸び悩んだ担当者が、「初回無料」と広告で打ち出し、小さな字で「定期コース申込者限定」とした事例を紹介しましたが、まさにこれが課題からいきなり手段を導き出した失敗事例です。

課題があるときこそ原点に戻り、目的を明確にしてから考えるべきなのです。もちろん手段ですので、答えは一つではなく複数あってしかるべきです。

戦略と戦術はフレームに沿って考える

マーケティング用語で「戦略と戦術」という言葉を聞かれたことがある方も多いと思います。「戦略と戦術」は難しく考える必要はなく、**実はここまで明確にしてきた6つのポイントこそが、目的を達成させるための戦略なのです。そして、先ほど述べた、そのための手段である【HOW】が戦術です。**

ビジネスを離れた例を一つ挙げてみましょう。

健康診断でメタボリックシンドロームを指摘された45歳の男性会社員がいたとします。彼には同じ年の奥様と2人の小学生の子供がいます。子供を立派に成人させるためにも、病気で倒れてしまっては奥様に負担がかかります。

そこで、生活習慣病を引き起こすリスクを低くし、メタボも脱出できるように、善は急げと翌日からダイエットに取りかかることにしました。奥様にも協力してもらい、食事制限で摂取カロリーを減らそうと、海藻や野菜中心の食事を取ることにしました。家庭での食事だけでなく、昼ごはんもお弁当を用意してもらい、どうしても外食しないといけないとき以外は低カロリー食を取り続けることにしました。

これをフレームに落とし込むと――

①【business objective】目的

メタボリックシンドロームを脱出し、病気のリスクをなくし、子供たちを責任持って成人させる。

②【WHO】誰を（ターゲット）

自分

③【WHAT】（何を）

体重を落とす（ダイエット）

④【WHO】（誰と）
奥様の協力を得て

⑤【WHERE】（どこで？）
家庭だけでなく、会社でも。

⑥【WHEN】（いつ？）
明日から

⑦【HOW】どのように？
海藻や野菜中心の食事を摂ることで。

――となるのです。

さらにこれを目的、戦略、戦術として見直すと次のようになります。

【目的】
メタボリックシンドロームを脱出し、病気のリスクをなくし、子供たちを責任持って成人させる。

【戦略】
奥様の協力のもと体重を減少させる。

【戦術】
海藻や野菜中心の低カロリー食を摂ること。

このように、ビジネスでも目的から順にフレームに沿って考えることで、より具体的な的確なプランができることになるのです。また、共通の目的を最初に掲げて、それに関わる内容を共有することで、関係するメンバーが動きやすくなり、より結果が生まれやすくなります。

WORK

あなたが今最も集客したい内容のグランドプランを書き出してください。

①**【business objective】**目的

②【WHO】誰を（ターゲット）

③【WHAT】何を？

④【WHO】誰と？

⑤【WHERE】どこで？

⑥【WHEN】いつ？

⑦【HOW】どのように？

第7章

集客できる人材の育て方

お客様が求めているものの先のストーリーを描く

本書もいよいよ第7章となりましたが、ここまで一度も商品の満足度について触れてきませんでした。それは、ベースとなっている事例がディズニーのテーマパークという、集客さえできればほとんどの方に満足していただける商品だったからです。

しかし、万が一、この商品が満足できる商品でなかったとしたら、何を考え、どんな集客を行っても意味をなしません。もちろん、すべてのゲストが100%満足して帰られるわけではありません。中にはご立腹されたり、厳しいご意見を言われる方も、もちろんいらっしゃいます。

しかし、ディズニーのテーマパークのすごいのは、そんな一度は不満を感じた方さえも、リカバリーしてファンにしてしまうという顧客対応が存在していることなのです。

集客することと、商品やサービスを通してお客様に満足していただくことのどちらが重要かと言われれば、割合は決めにくい部分はありますが、**一つ言えることは確実に満足していただける商品やサービスでない可能性があれば、集客する意味がないということです。**どんなに高度なテクニックや高額の販促費をかけても、お客様が商品やサービスに価値を見出さなければ意味がないのです。

では、ディズニーのテーマパークのように確実に満足を生み出すにはどうすればいいのでしょうか？

この本を読まれている方、一人一人が販売されている商品もサービスも違うはずです。それぞれが満足度を高めるために何をすればいいのか？

ウォルト・ディズニーはこんなことを言っています。

「自分たちのために仕事をするのではない。人々が求めているものを知り、彼らのために仕事をするんだ」

「魅力的なストーリーを作るんだ。それが何より大切なものだからね。そうすれば、

他の全てのことは自然とうまく収まるものだよ」


ここで重要なポイントは二つあります。

一つ目は、**お客様が本当に求めているものを考える**ということ。

二つ目は、**その求めているものの先にあるストーリーを描く**ということ。

きっと皆さんの商品やサービスは多くの方が求めているもののはずです。しかし、さらにお客様に満足していただくには、商品やサービスの先にあるお客様のストーリーを考えてみてください。そうすることでより商品の満足度が上がってくるのです。

ウォルト・ディズニーが描いた未来のイメージ

ウォルト・ディズニーがディズニーランドを成功させたのにも、このストーリーが大きな役割を果たしていました。ディズニーランドを作ろうと思ったきっかけは、子供を連れて遊園地に行ったことだったそうです。

ウォルトはよく2人の娘を連れて遊園地に遊びに行っていたのですが、ある日、娘たちは回転木馬に乗って楽しんでいるのに、自分はベンチに座ってピーナッツを食べるだけという状況に気づき、**なぜ親と子どもたちが一緒に楽しめる場所が存在しないのか**と疑問を抱いたそうです。

そして、**自分のように感じているのは一人だけじゃない。多くの家族のために親と子が一緒に楽しめ、全員が笑顔を浮かべている、世界中に一つしかないものを作ろうと、ディズニーランドのストーリーを考えていきました。**

そんなディズニーランドを作る中で、最も力を入れたことが人材の育成でした。

15年もの歳月をかけて、ディズニーランドが完成に近づいた時、幹部は他の遊園地で働いた経験のある人達を従業員として集め始めたのですが、それに対してウォルトは「ここは遊園地ではない。ディズニーランドだ。われわれ自身が運営するんだ。重要なことは情熱であり、精力的に学ぶことに意欲的な人たちだ。間違いがあってもいい。その間違いを糧に、ディズニーランドの運営に新しい方法を考え出せればいいのだ」と言ったそうです。

そして、「世界で一番すばらしい場所を企画し、創造し、建設することは可能だが、その夢を実現するためには人間が必要である」という理念のもと、人材の採用には慎重を期しながらも、他のレジャー施設より高い賃金を払い、ディズニーランドの哲学や思想を理解し行動できるように、キャストの教育や訓練を積極的に行いました。

つまり、お客様のことを本気で考え、そのためのストーリーを考え出す人材をどうすれば作れるかが、商品の満足度を上げるなかでもっとも重要と考えていたのです。リピートしたくなる商品やサービスを生み出すにも優秀な人材を作らないことには、すべてが表面的になってしまい、どんなテクニックを身につけても一過性のものに終わってしまうというわけなのです。

そこで本章では、**本質的な商品価値を高めるためにどのような思考を持った人が必要になるのか、その人をどのように育成していけばいいのか**、ということをお話ししていきたいと思います。

第7章

優秀な人材の共通点

まずは、優秀な人材の共通点のヒントとなる一本のディズニー映画のことからお話ししたいと思います。そうです、2016年の夏『ファインディング・ドリー』という映画が公開されました。世界的な大ヒットとなった『ファインディング・ニモ』の続編です。

主人公ドリーのセリフが示唆する「優秀な人材」の条件

2003年に公開された『ファインディング・ニモ』は、9億ドルを超える興行収入をあげ、7年後に『トイ・ストーリー3』が公開されるまでは、ピクサーの長編アニメーションとして興行収入が抜かれることはありませんでした。

この映画の中で主人公のドリーが印象的なセリフを残します。

「私は今まで自分の直感で、素直に楽しいと思うことを選んで生きてきたわ」

「私は今まで計画なんて立てたことがない。両親とはぐれたことも計画通りじゃない。ニモと出会ったことも計画通りじゃなかった。ハンクと出会った時も計画通りだった？　人生で一番素敵なことは偶然起きるものなの」

大切なことは計画して得られるものではなく、自分が楽しいと思えることを選んで生きてきた結果得られるものだと言っています。

人生において考えると非常に深い言葉で、共感を持つ方も多いと思います。

では、ビジネスにおいてはどうでしょうか？

「楽しいと思うことばかり選んでいたらうまくいくはずがない」

「ビジネスとはＰＤＣＡの繰り返しで、計画性がないといけない。偶然成功することはあっても継続させることはできない」

こう考えられる方の方が多いのではないでしょうか？

でも、計画は確かに重要ですが、私はビジネスでも、楽しいと思えることを選んで生きて来た方の方が成功されている人物が多いと感じています。

「楽しい」と「楽する」ことは同じ漢字でも全く違い、楽しいことを選んでも苦労することはよくある話です。いや、むしろ楽しいことを選んだからこそ努力もするし、計画もするでしょう。他人から見たら、その努力が大変な苦労をしているように見えることの方が多いのかもしれません。でも、自分が楽しいと思って努力している時は、意外に本人は苦労していると感じていないことも多いのではないでしょうか？

楽しいと思うから、いろいろ分析もするし、計画する。それが成功に向けた源泉なような気がしてなりません。

私自身、首都圏以外からの集客を総括する立場にある時、全国のショッピングセンターでの「TDRへの旅フェア」というものを行ったのですが、2ヶ月近くの間ほとんど家に帰らず日本全国を行脚して現場を管理していました。

周りから見ると家にも帰れず、友達とも遊べず、休みも出張先で過ごして大変そうと言われていたのですが、そもそも自身が企画したフェアですし、全国の主要都市の状況を自分の目で見れる機会などなかなかありませんでしたので、楽しさ以外何もありませんでした。

ましてや、イベント会場が日常生活に密着しているショッピングセンターでしたので、所変われば人も変わり、県民性や地域の特性が非常によくわかり、今後の展開に参考になるネタが日々蓄積され、この仕事にとても充実感を持っていました。

しかし、もし私がイヤイヤこの仕事をやっていたらどうだったでしょうか？　仕事が終わっても家にも帰れないし、会社にずっと拘束されているようなもの。だけど残業代が出るわけでもない。地元でスポーツクラブの会費を払っているのに全く行けないし……と、嫌で嫌で我慢もできなかったはずです。

それぐらい、気持ちの持ち方一つで同じことをやっていても生み出されるものが変わってくるのです。好きなことをやって苦労するのと、好きでもないことで苦労するのはどちらが結果を生みやすいかは考えるまでもないのではないでしょうか。

自分がワクワクすること、楽しいと思うことを選んでいるからこそ、結果が生まれやすいし、万が一、失敗したとしても次に生きてきます。そう考えると、仕事においても、まずは自分が楽しい、ワクワクすることを選んでいくというのが正解なのです。

ディズニーの企業文化を支える10の秘訣

たくさんのゲストをワクワクさせ、興奮させ、感動させせる。そんな発想ができるのは社員自身がワクワクしながら物事を考えているからですし、そのための仕組みや文化があるのです。自分自身がワクワクするから、共通の目標のもとで、同じようにワクワクしている人と繋がり、そこにチームワークが生まれるのです。

あなたの会社や組織ではどうでしょうか。「仕事だから辛くても当たり前」「仕事とは大変なことだ」と言っている方はいないでしょうか。お客様の笑顔のためなら、一緒に働くこのメンバーのためなら、どんなに辛いことも乗り越えられる。むしろ、その環境こそ自分がワクワクする。そんな、人材育成が必要なのです。

では、どうすればそんな人材が作れるのか。

ディズニーでは当たり前のこととして徹底されていた仕事の習慣や文化がありました。以降、そのなかから抜き出した10の秘訣をキーワード形式でご紹介します。

それぞれのキーワードに共通していることは、自分だけではなく、周りのメンバーに影響力を打ち出せることです。つまり、一人ではなく、自分の周りにいる人々を巻き込むことこそワクワクの源泉というわけなのです。

社内だけでなく、周りの取引先さえも巻き込み、一緒に何かをしてみたいという思考を持てる文化や雰囲気を作り出していくことで、あなた自身が一番大きく変わっていくはずです。誰でも少し意識することで簡単に実践できる、重要なワードやテクニックですので、読み終えたらぜひすぐに実践してみてください。

秘訣①

「WHY」と「HOW」

一つ目のキーワードは**「WHY&HOW」**です。日本語にすると「なぜ?」「どうする?」という感じですが、別の言い方をすると**「目的を言語化する」**と考えていただければ結構です。

第2章の事業の目的や理念を共有させる部分にも通じるのですが、物事を行うためには、なぜ行うのかを理解しておく必要があります。やる目的を理解して行動するのと、ただ行動するのは大きな違いがあります。

社員一人一人が禁止事項やルールの存在理由を語れるか?

どんな会社でも、社内的に当たり前化しているルールがあると思います。例えばディズニーの場合、ディズニールックという服装や髪型の規定がありますし、パークを綺麗にする、パークの中ではお弁当の持ち込み禁止、旗を持って引率するような団体行動禁止……など複数の禁止事項があります。**ただ、ディズニーが凄いのは、これらのルールをキャストが知り、守っているだけでなく、なぜこれらのルールがあるのかという部分をほぼ100%、いや間違いなく100%全てのキャストが理解できていることです。**

ディズニーのテーマパークでは「全てのゲストがVIP」だから、我々キャストは、VIPをおもてなしする服装でないといけないし、不快感を与えてはいけない。当然、パークは綺麗でないといけないというわけです。

「ディズニーのテーマパークの目的はゲストにハピネスを感じてもらうところ」

ハピネスの価値観はひとそれぞれ違うもので、一人一人が自分の価値観でパークを楽しめる環境でないといけない。だから、団体での行動は控えていただく。ただし、団体で来園される方にとって不便な場所であってはいけないので、集合する場所をエントランスの外に設ける、といった具合に、進もうとする道筋に対して「WHY」と

「HOW」が明確になっているのです。

ミッションを共有するとどうなるか?

このテクニックのポイントは**「共通ミッションの言語化」**ともいえます。

先ほどの「全てのゲストがVIP」「ディズニーのテーマパークはゲストのハピネスを作り出す場所」といった、キャストの共通ミッションが共有されているのがポイントです。**共通ミッションが共有されると、ダメなことが明確になりますし、そのミッションを達成するためにどうすればいいのか考えるようになり、行動が生まれやすくなるのです。**

あなたの会社や組織ではどうでしょうか。ルールだけでなく、今、取り組んでいることがどんな目的で取り組んでいるのか、全員が共有できているでしょうか。大きな組織になると、誰がどんな仕事をしているかもわからないということもよくある話です。

でも少なくとも、進もうとしている方向性や共通のミッションに対して、全員がなぜそれをやっているのか理解できる体制を構築する必要があるのではないでしょうか。ワクワクした職場環境を作る第一歩として、それぞれの仕事やルールに対して目的が共有できているか、ぜひチェックしてみてください。

WORK

ワクワクする職場をつくる

①あなたが今もっとも取り組みたいこと、もしくは従業員やメンバーに取り組んでもらいたいことは何ですか？（取り組みがわからない場合は課題でも大丈夫です）

②なぜ、あなたは取り組みたい、取り組んでもらいたいと思うのですか？（①で課題を書いた場合、なぜ課題なのかを書いてください）

③それに取り組んだ結果得られる未来はどう変わりますか？
（課題を解決すれば未来はどう変わりますか？）

④その未来をいつまでに得たいですか？
（その課題をいつまでに解決したいですか？）

秘訣②
ポジティブワード

二つ目のキーワードは**「ポジティブワード」**です。

私が、この手法を学んだのは、最初はパークでの現場研修に向けた研修をしていたときに、対ゲスト向けの話し方として教えられました。

例えばゲストから「今日は何時まで開いてますか？」と質問を受けたとします。それに対して、「はい。今日は**夜の10時に閉園いたします**」と答えるのと、「はい。今日は**夜の10時まで開園しています**」と答えるのは、どちらが正解でしょうか？

年齢制限のあるアトラクションに子供連れの家族が来られたが、年齢的に体験いただけない。そんな時に「○歳以下のお子様はお乗りいただくことができません」と答えるのと、「年齢制限があるので、今回はお乗りいただけないのですが、次の誕生日を迎えればお乗りいただけますね。次回お越しの際はこのチケットを出していただくと優先的にご搭乗できます。誕生日の時はバースデーをキャストみんなでお祝いするのでぜひ誕生日の日にお越しください」と、答えるのではどちらががっかりさせないでしょうか？

こう言った事例を交えながら、ポジティブな言葉が持つパワーのすごさを教わったのです。

しかし、**私がびっくりしたのは、このポジティブなワードを活用するテクニックが、なんとゲストに向けてだけでなく、キャスト同士、社員同士でも使われていたのです。**しかも、ミスを指摘したり、改善すべき場面にこそ、ディズニーではこのテクニックが多用されているのです。

先輩社員から受けた「ポジティブ」なお叱り

入社2年目の時に、後輩の新入社員と一緒に社有車で都内にセールスに行く機会がありました。最後の打ち合わせが終わったのは19時。後輩が、「自分が車を返しに会社に戻りますから、嶋田さんここで帰ってもらっていいですよ」と言われたのに甘えて、セールス先から直帰させてもらったことがありました。

その翌日、会社に行くと先輩に呼ばれ、**「昨日、新入社員の山口が一人で遅くに車を返しに来たけど、逆にお前が、後輩に自分が返しに行くから帰っていいよ、と言ってやったり、二人帰る必要はないけど一緒に返しに行くのだと、どちらがあいつにとって嬉しかったかな？」**と言われたのです。

その上で、**怒るでも、注意するでもなく、最後に一言「よく考えてやれよ」**と言われれば、そうだよなと反省しかなかったのです。

でもこれが「なぜ、一人だけ先に帰ったんだ？」とか「二人一緒に帰ってくるのが普通だろ？」と、いきなり怒られたらどうだったでしょうか？　多分、怒られることに反発して、本質を理解できないで言い訳をしていたかもしれません。

これは私の推測ですが、社内的にこのような指示や研修がされているわけではなく、ほとんどの社員がパークでの勤務経験を通して、いかにこの話し方にパワーがあるかということを身をもって体験しているからこそ、自然と使っているのではないかと思います。直接接客する機会がある方はぜひ接客の現場で「ポジティブワード」を選ぶことを試していただければと思います。社内にいる機会の多い方は、社内のコミュニケーションでぜひ活用してみてはいかがでしょうか。

WORK

共感を生み出す注意の仕方

①あなたが誰かに最近注意したり腹が立ったことを思い出してください。それはなぜですか？

②その時あなたはどのように注意したかを文章にしてみてください。（言葉にしていない人は、注意するとしたらどんな言い方をするか考えてください）

③注意した内容にポジティブワードを追加して文章にしてみてください。

④ポジティブワードを入れてできあがった文章を見てどのように感じますか？

秘訣③

相手を認める

三つ目のキーワードは**「相手を認める」**です。

プレゼンテーションや話すのが好きな人がいる一方で、話すのは苦手、自分の考えが苦手という方がいるのも事実です。

個人的な話になりますが、私はあまり人前で話すのは得意ではないのですが、人前や会議に出ると積極的に発言したり、意見を述べるタイプです。そんな私がディズニーを退職して最初にびっくりしたこと、それは**世の中なんと人の話を最後まで聞いてくれないんだ**ということでした。

この際、私の話が面白いとか、役に立つかというのは別にして、ディズニーでは、どんな会議でも最後まで私に限らず皆が最後まで聞いてくれたのです。ところが、他の会社では、新しいアイデアを出し合う会議にもかかわらず、まるで結論が決まっているかのような進め方をしている会議をたくさん見てきました。

私のように、その場に負けないように、次はどんな話し方や内容にしようと考える人間はまだいいですが、このやり方だと意見を言いにくくなる人間が出てくることは間違いありませんし、新しいアイデアが生まれる可能性も潰してしまうかもしれません。

また、人の育成においても、失敗したり、ミスした人がいた時に、その人自身がどんなふうに考えたかを最初に聴いて、まずは相手を認めて受け入れたうえで、やるべきことを教えることでより高い成長につながります。

つまり、**相手を受け入れるということは、自分の基準だけで物事を考えるのではなく、相手の立場に立った基準で物事を考え直してみるということです。**しかも、人間関係やコミュニケーションだけの話ではなく、日常生活の中で相手の立場に立って考える視点を身につけると、とても大きな発見につながるはずです。

例えば、普段見過ごしてしまう何気ない風景、でも「なぜこんなことをしてるんだろう?」と、相手の立場に立って考え出した瞬間、新しい世界があなたを待っているのです。

相手を認めると新しいアイデアが生まれやすくなる

今ではあまり見なくなりましたが、駅前で販促のティッシュを配っている人が一時期たくさんいました。このティッシュ配りを私が何気なく見ていて感じたのは、ターゲットが絞り込みにくい販促をする以上、最大公約数的なアプローチが必要な業種においては、広告が掲載されたティッシュをまず受け取ってもらうことが有効な手段ではないかというものでした。

ちょうどその頃、大学生向けの販促を考えていた時期で、チラシのサンプリングをしたかったのですが、誰がディズニーに興味があるかはわかりません。かといって、チラシだけ配って、チラシの受け取りが悪ければサンプリングをする意味が半減するわけです。

そこで、チラシを配る際に何かを一緒に配ろうと、ティッシュに代わるアイデアを考えたのです。**学生が必ずもらって使うものは何かを考えた結果、ディズニーのキャラクターが描かれたクリアファイルにチラシを挟んで配布するアイデアを思いつきま**

した。多少、配布コストは上がりますが、受け取り率はほぼ100%、さらにクリアファイルやチラシを通して学生同士で会話が広がったり、クリアファイルを学生が使い続けることで、継続的に露出がされ、当初の目論見以上の効果が出たわけです。

これも普段何気なく配っているティッシュ配りを見て、相手の立場に立って考えた結果生まれた施策なのです。

このように相手の立場になって考え、「相手のことを認める」という行為は、社内の人間関係を改善したり、少数派の新しいアイデアが生まれやすくなるだけでなく、異業種など、全く普段つながりのない中でもアイデアを生み出させてくれるのです。

社内の会議の場や普段の打ち合わせで相手のことを最後まで聞き「どうしてそう考えたの?」と、聞いてみてください。また、街中の小さなお店や全くの異業種の方がやっている販促の手法を「どうしてこんなことやってるんだろう」と考えてみてはいかがでしょうか?

きっと、今まで見えなかった世界が見えるようになると思います。

WORK

相手を認めて新しいアイデアを生み出す

①あなたがここ最近で体験したり、見かけたサービスで、いいな、面白いなと思ったことを一つ書いてください。

②それはなぜ思ったのですか？

③では、その商品やサービスを考えた人はどんな想いでそれを始めたのでしょう？

④自社の商品やサービスに同じ思いで導入できることがないか考えてみてください。

秘訣④
見守る

四つ目のキーワードは**「見守る」**です。

「見守る」と似て非なるものが「管理・監視」です。極端な言い方かもしれませんが、**いいところを探して伸ばすのが「見守る」で、悪いところがないか見るのが「管理・監視」ではないでしょうか。**

ディズニーでは、社長や役員を含む管理職の人間がパークの中で、素敵なサービスを見かけるとそのキャストに1枚のカードが渡され、このカードを5枚集めると、特別なパーティーに招待される「ファイブスタープログラム」というものがあります。

このプログラムの優れたところは、いいところを探すためにプログラムがあるという点です。これが逆に悪いところを注意するために役員や上司がパークを回っていたらどうでしょうか。見かけた瞬間に怒られたくないという気持ちが働き、ゲストではなく、上司を意識した対応になってしまうと思います。

でも、このプログラムは褒めることを目的としているので、マニュアルにないディズニーの理念に基づいた自分ならではの行動を生み出してくれるのです。当然、キャストは誰一人として、上司を意識して仕事などするわけはなく、目の前のゲストと真剣に向き合っています。

お互いに讃え合う文化はお客様満足につながる

また、似たような企画ではありますが「スピリット・オブ・東京ディズニーリゾート」という、**キャスト同士で素晴らしい対応や頑張りを讃え合う制度**もあります。これは、他のキャストからたくさん支持を集めたキャストが表彰されるという制度なのですが、仲間から評価される喜びももちろんですが、仲間から見守られている、見られているんだという気づきにもつながるのです。

いつどこで誰に見られているかわからない。しかもミスをしないかを見られているのではなく、素敵なサービスをしているキャストはいないかを、同僚から見られていることを誰もが知っているわけです。しかも、見守るといっても、困っていそうなときは、誰もが積極的に助けに来てくれる。こういった環境づくりこそが、自ら質をあげるきっかけとなっているのです。

あなたの会社や組織ではどうでしょうか。従業員の働き方を見守り、褒める仕組みはできているでしょうか。

私が見てきた多くの会社では、他人の働き方に疑問を投げかける人はたくさんいました。「あの人は仕事が遅い」「あの人はなぜあんなことをやっているの?」と。本人の知らないところでその人に対する疑問が悪口のように一人歩きしていくのです。

でも、ディズニーでは、人の働き方を褒める仕組みがあるため、疑問を持たれるような働き方をする人はほぼいないと言えると思います。そして、**その仕組みがあることで全体がレベルアップし、その結果、お客様からの満足度が高まり、お客様の喜ぶ顔を見てキャストの満足度も高まるという相乗効果が生まれているのです。**

まずは身内のいいところを相互に認め合う取り組みや、もし、あなたが経営者や管理職であれば、さりげなく行動を褒めるということを意識してみてはいかがでしょうか。自分が頑張ったことを褒められたり、むしろ自分では当たり前のようにやっていたことが評価されるだけで、本人のモチベーションは大きく変わります。そして、それが習慣化できれば、自分の周りの人のいいところ探しをどんどん増やしていってみてください。

WORK

見守ることで仲間を育てる

①あなたが社内外問わず一番見守りたい人を一人思い浮かべてください。

②なぜあなたはその人を見守りたいと思いましたか？

③その方の素敵なところを３つあげてみてください。

④その方が今以上に成長してあなたのサポートをしてくれているとしたらどんな存在ですか？

秘訣⑤

「GOODSHOW」と「BADSHOW」

五つ目のキーワードは**「GOODSHOW《グッドショウ》」と「BADSHOW《バッドショウ》」**です。

一般の人には聞き馴染みのない言葉ですが、ディズニーのキャストで知らない人はいない言葉です。ディズニーのテーマパークやそこで働いているキャストとしてふさわしい行動や素晴らしい行動に対してGOODSHOW、その反対でふさわしくない行動や対応に対してBADSHOWと言うのですが、**ここでは、このGOODSHOWとBADSHOWを活用したディズニー流の褒め方、叱り方について紹介します。**

ディズニー流「いいね！」の習慣

Facebookに代表されるSNSが一般的になってから、個人が個人に対して「いいね！」と評価することが増えてきましたが、それまではどうだったでしょうか？

なかなか気軽に他人に対して「いいね！」と言うことを伝える機会はなかったのではないかと思います。

しかし、ディズニーの世界では、SNSが一般的になるずっと前から、「いいね！」と周りの人を評価する習慣があったのです。先ほどの「見守る」から一歩先に行った部分と理解していただければいいのではないかと思います。

たとえそれが小さな行いだったとしても、朝礼や夕礼などの機会を活用して、みんなの前で何がよかったのかを具体的に褒めるというのがディズニー流なのです。

これは個人だけでなく、チームや複数のメンバーでの行動も同じです。

そしてここで重要なのは、褒める基準がディズニーらしいかどうかという独特の判断基準で考えられている点と、何がよかったのかを明確に褒める点です。

一方、叱る方の「BADSHOW」も同じで、ディズニーらしい行動ではなかったというのが判断基準になります。

ディズニーらしい行動を行えなかったキャストは、なぜダメなのかを徹底的に教えられます。ポイントは、なぜダメかを伝える点と、どういう考えでその行動をしてしまったかを確認するという点です。単純にダメだと教えるのではなく、なぜそういった行動をとったのか、相手の事情を必ず聞いてあげるのです。そうすることで本質的に指摘すべきポイントが見えてくるというわけなのです。

一つ例を挙げると、遅刻をしたキャストがいるとします。

遅刻という行為は誰もが悪いことだと思っているので、つい「次、遅刻したら……」といった言い方をしてしまうことも多々あります。でも、ディズニーの場合は**「単なる遅刻でよかったよ。今日休まれたらみな困るからさ。でも、遅刻とはいえ周りのメンバーにどんな負担がかかるか、ちょっと考えてもらえるかな」**といったように、遅刻をすることで具体的にどんなことがダメなのかを本人に考えさせます。そして、続けて**「それでも、どうして遅刻してしまったの？」と理由を聞いてあげることで、解決策や本質的な気づきを促していくのです。**

そして、なぜダメかを伝える時も、秘訣②で取り上げた「ポジティブワード」が活用されることが多くあります。そうして、指摘や否定だけで終わるのでなく、きっちりアフターケアまで行うのがディズニー流なのです。

「GOODSHOW」「BADSHOW」という明確なワードがあることも大きな意味を持ちます。この言葉があることで、気軽にキャスト同士で「今のはBADSHOWだよね」と、仕事の評価を気軽に話す機会の創出にもつながるメリットが生まれるのです。特に「BADSHOW」の場合、日本語では「ダメ」「禁止」といった否定的なワードになってしまうので「今のはダメだよね」と人に言いづらいですし、仮に言われると腹が立つところもあります。でも、**「BADSHOW」というワードがあることで、気軽に注意できるメリットがあるのです。**

特に入社したての段階では、新しい専門用語を使いたがる傾向があるので、日常生活の中でも、同期から今のは「BADSHOWじゃない？」などとよく言われたものですが、そういった経験を通して会社の風土が自然に浸透していきます。

ぜひ、あなたの属する会社や組織、団体でも判断基準を明確にし、メンバー同士が自由に評価できる環境を整えてみてください。上司や管理者ではなく、隣の席の人が気軽に相手を褒めたり、注意できる。これほど強い環境はありません。

WORK

自分の職場の基準を見直す

①あなたの会社や組織のGOODSHOWはどんなものがありますか？
（思いつくまま挙げてください）

②あなたの会社や組織のBADSHOWはどんなものがありますか？
（思いつくまま挙げてください）

③GOODSHOWとBADSHOWは何を判断基準として決めましたか？

秘訣⑥　できない理由ではなく、どうすればできるかを考える

六つ目のキーワードは**「できない理由ではなく、どうすればできるかを考える」**です。ウォルト・ディズニーの発想の原点は、どうすれば実現できるかという発想が根底にあります。その想いを引き継ぎディズニーでもこの考え方が至るところで活用されています。

有名な話を一つご紹介します。

東京ディズニーランドや東京ディズニーシーの中には「イッツ・ア・スモールワールド」や「シンドバッドの冒険」のような、水の上を動くボートに乗るタイプのアトラクションがあります。これらのアトラクションですが、実はアメリカの場合、身体の障害から自立歩行が困難なゲストは搭乗できないことになっています。万が一、ボートが転覆した時に自力での脱出や救助が難しいという理由からです。

東京ディズニーランドでも開園後、しばらくはアメリカ同様、障害を持った方や自

立歩行が困難な方はこのタイプのアトラクションに搭乗することができませんでした。

しかし、日本では車椅子をボートに入れたり、乗降の際には従業員が手を貸すなどして、自立歩行が困難なゲストに対してもアトラクションに乗れるよう、シミュレーションを何度も重ね、現状は問題なく搭乗いただける結果になっています。

これは、アメリカ型のリスク回避の考え方ではなく、日本独特の考え方かもしれませんが、どうすれば安全が確保できるか、追求を重ねた結果です。つまり、できない理由を言うことでゲストを納得させるのではなく、問題があった時に、まず自分達で、どうすればできるかを最初に考えようということなのです。

「どうすれば実現できるか」に意識をフォーカスする

会議の場でも、面白いアイデアを誰かが言うと、他の人が**「それを実現するためにはどうすればいい？」**という受け答えが自然と発生し、実現するためのプロセスが見えてくるのがディズニーでは普通です。

しかし、これが逆の文化だと大変です。誰かが面白いアイデアを言った瞬間に、

「いや、それは無理だろう」と言われると次が続きません。でも、実際私が退職後に関わった企業では、最初から無理なものは無理とあきらめている以前に、考えもしないという会議を経験しました。**職歴の長い人を中心に「できないものはできない」という習慣を作ってしまうと、必然的に「どうしたらできるだろう」という考えは消え去ってしまいます。**

全国のショッピングセンターで行われた「TDRへの旅フェア」の話を紹介しましたが、あの企画も会議で最初に提案した際、できない理由を探す発想だと、「ディズニーにはスポンサー制度があって（当時は百貨店のそごうがスポンサーでした）、スポンサー企業の競合となる場所でのプロモーションは論外」と、一瞬で終わってしまったはずです。

でも、どうすれば実現できるかという基本の考えが場にあることで、「スポンサーはキャラクターを使えるんだから、スポンサー企業の店舗があるところではキャラクター付きのフェアを行うことで、スポンサーも他との優位性が出せるし、大都市ではキャラクターも連れて行けるので露出もより図れるよね」という意見がすぐに出てきて実現できたわけです。

リスクや課題を考えるのは重要ですが、それを「できない理由」にするのではなく、「どうすれば実現できるか」という方向で考える習慣が作れれば大きな一歩を踏み出せるのです。

WORK

「どうすればできるか？」から可能性を拡げる

①仕事で自分はやりたかったけど見送りになった、もしくはやりたかった企画と違うことをすることになった具体例を思い出してください。

②それはなぜ、他の案に変更したり、中止、見送りになったのですか？

③それを実現するために、どんなことができていれば実現しましたか？

秘訣⑦ 飽きさせない

7つ目のキーワードは**「飽きさせない」**です。

この言葉はディズニーにおいて、ゲストに向けたポリシーとして大切にしているワードでもあります。

ディズニーのテーマパークでは季節毎のスペシャルイベント、定期的なアトラクションの導入、本質的に変えてはいけないものと変えるべきもののバランスを重視します。そこには「これでいい」という妥協がなく、その変化こそがリピートの秘訣とさえ言われています。

しかし、これはパークに限った話ではないのです。**人間関係や仕事においても、「飽きさせない」という発想が刺激となり、仕事に対する考え方や人間関係さえも変えてしまいます。**

飽きがこないからいつまでも新鮮でいられる

どんなに素晴らしい商品やサービスでも、同じ商品が売れ続けて安定期に入ることで、想定事項が見えてきて、仕事の管理が楽になります。一方、イレギュラーが少なくなることで仕事が単一化して、単調な日々が増えるきっかけにもなってしまいます。仕事に変化がなくなると、働いている人の前向きさが弱まってしまったり、周りを見る余裕が生まれて他の人の仕事の仕方が気になってきたりと、実はマイナスの作用も生まれてくるのです。

一方、ディズニーのように毎年新しいことを取り入れると、誰一人として同じ作業を毎年繰り返す人はいなくなります。去年作ったルールが今年は通じなくなり、またルール作りをしなければいけない。そういった手間は増えるかもしれません。

でも、**新しいことを取り入れることで、過去の事例が蓄積され、より精度が上がりますし、毎年求める基準が高くなることでチームワークが余計に必要になり、職場の人間関係さえも変わってくるのです。**

人間関係や仕事を飽きさせないために何かしようと考えても、なかなかアイデアは出てこないと思います。でも、本質的な仕事を今年は、今月は、今週はとブラッシュアップしてお客様に飽きさせない、さらに喜んでもらえるためにどうすればいいかを考え実行することは可能なはずです。

先日、美容院に行った時にちょうどハロウィンの時期だったのですが、スタッフの方全員が、仮装をしたり、フェースペイントをされていました。せっかく街もハロウィンで盛り上がっているので、お客様にお店でもハロウィンの雰囲気で盛り上がってもらえればと企画されたそうなのですが、お客様の反応はもちろん、スタッフ同士で空き時間にお互いにペイントしたり、お互い一緒に職場で写真を撮ったりと、今までにない従業員同士の関係や雰囲気が生まれたと話されていました。

まさにこれがいい事例だと思うのですが、目的は社員同士が楽しむためでも、人間関係を構築するためでもないのですが、**お客様にいつも以上に楽しんでいただこうという考えが結果的に、年齢の離れたスタッフ同士の関係性の強化につながったり、職場の雰囲気や人間関係を改善してくれるのです。**

私が在籍していた時にディズニーではサンクスデーというイベントがありました。

これは、パーク閉園後に管理職がキャストとしてパークを運営し、一般社員やアルバイトの人たちが家族や友人とパークを訪れ、ゲストとして楽しむという企画です。

普段管理する立場の人間が現場で働くことで見える景色や、普段は接客する立場の人間がゲストの立場でパークを楽しむことで、お互いに新しい気づきが起きるのです。その結果、普段のオペレーションの問題が見えてきたり、業務にメリハリが生まれるのはもちろん、人間関係が構築されたり連動したメリットがたくさん生まれ出すのです。

ぜひ、自分たちも楽しめる新しい施策を考えてみてはいかがでしょうか？

サービス業の場合、ディズニーと同じように管理職の方が最前線で接客し、一般職の方がお客様として家族や友人とサービスを受けるというような企画も新しい気づきが生まれて非常にいいと思います。

WORK

変えないものと変えるものにメリハリをつける

①あなたの商品やサービスの中でずっと守り続けている大切なこと、変えてはいけないことは何ですか？

②あなたの仕事や商品に、明日から何か今までと違うことを取り入れるとすればどんなことが考えられますか？

③②を実現するためにはどうすればいいですか？

秘訣⑧

誇りを感じさせる

八つ目のキーワードは**「誇りを感じさせる」**です。

職場や与えられた環境でわくわくするためには、自分たちのサービスや商品、やっていることがこんなにお客様や社会の役に立っているという自覚が重要になってきます。

どんなに理念やビジョンが素晴らしくても、それが伝わっている実感がないと、人は不安になってきますし、誰のためにビジネスを行っているのか、本質をどうしても忘れがちになってしまうのです。ですので、**商品やサービスの価値をしっかりと理解させるだけではなく、定期的にそれがお客様から評価されていることを従業員に伝える仕組みづくりが重要なのです。**

お客様の顔が見えない場合はこちらからアプローチする

実際に、従業員のやる気や誇りを**「エンゲージメント」**という指数で調査した結果があるのですが、非常に残念なことに**日本人の場合、調査した国のなかで最下位の31%という数値でした。**トップのインドの77%と比較すると半分以下の数値です（『KneXa WorkTrends report 2011』より）。

しかし、**日本の平均値が低迷するなか、ディズニーにおける調査では、この数値が85%と言われています。**目の前でゲストの感情や表情が見られるという点では、確かにほかの業種と比較すると、非常に誇りややる気は起こりやすいと思います。でも、**ディズニーの凄いのは、ゲストと直接接することのないキャストまで、高い誇りややる気を持っているという点**です。

実際にナイトカストーディアルという、閉園後にパークを清掃する仕事をしている方から直接聞いたのは、

「僕らがいないと、ゲストと直接接するキャストが苦労するし、朝から汚れたパーク

じゃゲストにも喜んでもらえないと思うんですよ。自分達はゲストから直接感謝されたり、お礼を言われることはないですが、朝、帰り際に出社してくるキャストがお疲れ様でしたって言ってくれる一言で十分なんです」

という言葉でした。

自分が見えないところで努力することで、仲間がお客様から喜んでもらえるなら、それ以上の幸せはない。そんな気持ちを持てるのも、パークの価値が末端まで浸透していることと、従業員同士の信頼関係があるからに違いありません。

では、通販やBtoBのようなビジネス形態でお客様の顔が見にくい業態の場合はどうすればいいのでしょうか？

私がお勧めするのはお客様の顔を見るためにこちらからアプローチをする方法です。

BtoBの場合でも法人という取引先がいるわけですし、通販でもお客様がいらっしゃいます。そのお客様にアンケートをお願いしたり、お手紙をいただく仕組みを作ればいいのです。そして、その中からよかったコメントをメンバーに共有する流れを作ればよいのです。ディズニーでも、お客様からの賛辞のお手紙やご意見を社内で共有するシステムがありますし、感動的なお話は冊子にして配布されたりすることもありました。

ただし、ここで一つ気をつけないといけないことがあります。お願いするときに、「気になったことや改善すべき点などありましたらご記入ください」と書いてしまうと本当にクレームばかりお客様が書き出してしまいます。お願いすべきことは「お客様が嬉しかった点や、励ましの一言を教えてください」と書けば本当にお客様は応援のメッセージを送ってくれるのです。

また、**お客様の声以外で誇りを持たせるのは、友人や家族からそこで働いていることを羨ましく思わせるというのも有効です。**ディズニーの場合、勤続年数に応じて無料のパスポートがもらえたり、社員割引でグッズが購入できたりします。また、前述のような、パーク閉園後の特別なパーティーへ招待されたりと、人に自慢したくなることを作ってあげるのも職場に誇りを持たせるのに非常に有効です。

WORK

誇りを持つことで意識をさらに高める

①あなたの職場で人に自慢できることはありますか？

②お客様や取引先からどんな声をいただくとモチベーションが上がりますか？

③今以上に自分だけでなく関係しているメンバー全てが、仕事に誇りを持ったり、他の人に自慢したくなるためにできることはありますか？

秘訣⑨
行動基準（指針）の共有

九つ目のキーワードは**「行動基準（指針）」の共有**です。

ディズニーの関係者はもちろん、多くのディズニー関連の書籍や講演でも話されているのでご存知の方も多いと思いますが、ディズニーの行動基準ＳＣＳＥです。

S＝Safety（安全）
C＝Courtesy（礼儀正しさ）
S＝Show（ショー）
E＝Efficiency（効率）

ディズニーのキャストが行動するにあたり、気をつけることは何か、何を判断の基準にして行けばいいのか。ここを明確にしているのが行動基準（指針）です。ディズニーではこの行動基準（指針）の順番を非常に重要視しており、何よりも先にあるのは「安全」というわけなのです。

ディズニーでは礼儀正しさやショー（演出）、効率より何より、安全が優先されます。オンステージでのゲストに対してはもちろん、バックヤードの社員しか関係がない場合でも同様です。

私自身も入社したときに繰り返し教わっただけでなく、常に身につけて欲しいと渡されたSCSEが書かれたカードは、なぜか捨てられずに今も名刺入れに入れ続けています。実は退職後も多くの場面で、新しいことを行う際などは特にお客様やスタッフの安全を最優先で考えてから行動するようになっている自分がいます。

3・11の東日本大震災の際にパークのキャストが自主的にゲストに対して売り物のぬいぐるみを頭を守るためにと配ったという話は有名になりましたが、マニュアルにもないイレギュラーの中でもSCSEの考えがキャストの行動を生み出すきっかけになっていることがうかがえるエピソードです。このように行動基準を示し、共有することで、緊急時にも自らが考える軸ができるのです。

行動基準が共有されると、メンバーの動き方が明確になることで、いざという時に

も行動がぶれずに行えるのです。ぜひ、あなたの会社でもSCSEに代わる行動基準（指針）がまだ浸透していなければ作り出してみてください。

WORK

自社の行動基準を明確にして共有する

①あなたの会社や組織の行動基準（指針）をあげてください。
（ない場合は考えてみてください）

②行動基準の順番はどうしてそうなりましたか？

③行動基準（指針）をどのように共有すればいいと思いますか？

秘訣⑩
本質を極める

最後の10個目のキーワードは**「本質を極める」**です。

ここでいう「本質」とは、事業や仕事をする上で、永遠に質を上げないといけないことは何かという意味です。

先日、ラジオ大阪という関西のラジオ局で、30年以上にわたりアナウンサーをされている原田年晴さんとお食事をご一緒する機会がありました。その時に聴いた原田さんのお話が印象的でした。

「アナウンサーという仕事はただ読めばいいというものではないんです。特にラジオのアナウンサーは言葉だけで伝えないといけないんです。うまい落語家は観客に落語家の姿が見えなくなると言いますが、それだけ、話に引き込まれていってる証拠なんです。ラジオも同じです。**ニュースを伝えるのも、商品を紹介するのも、観光地の紹**

介をするのも……全て言葉だけで相手に想像できるようにしないといけません」

「しかも、人それぞれ想像するものが別々にならないようにしないといけないんです。この商品はどんな人にオススメなのか？　それはなぜなのか？　そういった**絶対伝えないといけないポイントを共通認識にしてあげないといけないのです**」

「だから、自分も長い間この世界にいる先輩として後輩のアナウンサーにいつも言うのは、**いかに伝えるかを常に考えろ、それをやめた瞬間にアナウンサーとしては失格やぞ**、と言うんですよ」

つまり、ラジオのアナウンサーとして追求し続けること、本質として極め続けなければいけないことは、伝える技術ということなのです。

同じように、歌手という職業の本質は想いを伝えることです。その手段として歌を使った以上、歌を上手に歌う、伝わるように歌うということは永遠に追い求めないといけません。料理人は、料理を通して幸せを作り出す以上、美味しさという面では妥協することなく、美味しさを追求していかないといけないわけです。

事業やサービスの本質からブレないために

「ディズニーランドは永遠に完成することはない」

ウォルト・ディズニーのこの言葉は非常に有名ですが、そのきっかけとなったのが、ある一人のゲストの声でした。

ある日、アトラクションの前を通りかかったウォルト・ディズニーの耳に「このアトラクションは前に乗ったからもういいや」というゲストの声が飛び込んできたそうです。そこで、すぐにアトラクションのデザイナー達を呼びつけ、

「ディズニーランドは生き物だ。息をしているものには変化が必要なんだ。だから、ディズニーランドに完成や終わりはない。常に創意工夫を続け、新しいものを付け加えて行かなくてはならない」

と話したのです。

私もパークで働いている時に、トレーナーから**「ゲストの喜びを考えることに終わ**

りはない」と教えられたことがあります。例えば、トイレの場所を聞かれたときでさえ、画一的な正解はないというのです。その人の年齢や一緒に来園されている方の構成など、その場で判断できるあらゆる情報を瞬時で判断し、最適だと思う方法を常に考えないといけないのです。

ディズニーランドがゲストに幸せを提供する場所である以上、そこで働いている社員は、取引先様にも幸せを提供しないといけないと教えられたこともありました。でも、そういった心配りを積み重ねることで、実は一番磨かれてきていたのは自分自身でもありました。

あなたの事業やサービスの本質は一体何でしょうか。

一生かけて極めていくテーマは明確になっているでしょうか。

たとえ、今、ビジネスとして成功していても、本質は永遠に追求していく必要があるはずです。そのためにまず、あなた自身がその本質に向かって追求を続けていくことで、周りの人もきっとそれに続いてくれるに違いありません。

WORK

本質を見極めて追求する

①あなたの事業の本質は何ですか？

②その本質を極め続けるために何をしていけばよいですか？

第8章

集客のための絶対法則

小手先ではない絶対集客の原則

これまでの章を通して伝えたかったのは、**消費者思考を大切にしながらお客様を確実に幸せにする**ということです。

どのパートにおいても、お客様の行動や考え方を理解する必要性について繰り返し述べてきました。新規顧客、リピーターといっても結局はともに同じお客様であり、**お客様が何を求め、何を考えているかについて常に考え、そのお客様の幸せを実現させない限り、たとえ売上や集客が伸びても一過性になってしまいます。**

とにかく、いかにリアルに寄り添えるのかを徹底的に考えてほしいのです。

テクニックで集客しようとする間違い

集客のためのテクニックはたくさんあります。販促手法もチャネルもしかりです。

SEO、リスティング、SNS、スマホ対策、Facebook広告……。結果的に何ができていたのかわからないまま、時代に流されてしまう。そんな経験を繰り返すことになっていませんでしょうか。

もちろん、最新の集客方法を取り入れるのは重要ですし、攻略することで今までよりはるかに多くの顧客をより効率的に集客できることもあります。しかし、その都度、その都度、テクニックに走ることで、いつのまにか会社の売上や集客数だけが一人歩きして、経営者自身だけでなく、従業員までもが売上と集客しか考えなくなってしまうリスクがあるのです。

ここまで読んでいただいた方はお気づきのことと思いますが、そういった理由から**細かいテクニックや集客の手法については、全体を通してほとんど書きませんでした。書かれているのは普遍的な集客の考え方が中心です。**

テクニックに流されると、永遠にテクニックに流され続けて一時的な集客はできても、真の意味でのお客様の共感を得ることが難しいからです。

私も認定コーチをしている、1枚のチャートで相手に行動を起こさせる文章術「エンパシーライティング・メソッド」をご存じでしょうか。そのなかで開発者の中野さんは、**真の共感とは「自分のプラス」と「相手（お客様）のプラス」の重なる部分**だと語っています。

集客するには、お客様に共感をしてもらわないといけません。でも、お客様がプラスに感じるだけでなく、自分自身もプラスに感じないと真の共感ではないというのです。まさにその通りだと思います。お客様のプラスと自分のプラスの先に先に本当の集客という行動がついてくるのです。

しかし、テクニックや最新の手法に目が行き過ぎると、自社の本質を忘れてしまうことが多いのです。その結果、お客様のプラスが置き去りにされてしまい、ビジネスの本質が崩れることがあります。

しかも、それだけではありません。テクニックに走りすぎたあげく、本来望んでいない顧客層が来てしまい、結果的に集客は増えたものの、新たに増えた顧客対策という新たな課題が発生し、自分自身のプラスも生まれず、経営者自身が苦しくなることもあるのです。

人は「周りがみんなやっている」と言われると、自分もやらなきゃいけないのではないかと不安になります。そんなときに自社の集客が減少傾向にでもあれば、藁にもすがる思いで何かやりたくなるでしょう。

でも、厳しい状況に立ったときこそ、本質を思い返してもらいたいのです。

トレンドに流されない本物の集客マーケティング

私の知り合いの石垣島のダイビングショップも、10年ほど前は、ダイビングが終わってお客様が帰ると、夕方からパソコンに向かい、そのエリアでの検索順位が何番になったと一喜一憂していました。

あるとき、知り合いから検索で上位になるテクニックを教えてもらい、それ以降は常に上位に入るようになったことで、予約数も検索ランキングに合わせて増えてきました。ところが、その頃から直前で予約をキャンセルしたり、当日連絡がつかないまま来ないお客様が増えたり、明らかに今までの客層と違い、自分達だけ楽しめればいいという思考のお客様が増え、常連客の満足度が明らかに低下していることに気づいたそうです。

もちろん、検索で訪れる人全てが望まざる客ではありません。でも、**ここで重要な**

のは、自分たちのお店の存在意義からして「どんなお客様に来て欲しいのか」が抜けたまま集客手法に走ったことが、全ての原因だったことは間違いありません。

これ以降、このお店では、流行や技術に頼る販促を取り入れるのはやめて、以前から継続していたブログで「初心者やブランクダイバーを大切にする少人数制のお店」を掲げ、「自分のキャラクター」がわかるような訴求だけを続けたことで、自分たちのお店を必要とするお客様だけが来るようになり、その人たちがまたリピートしてくれるだけでなく、他のお客様も紹介してくれるケースが増えたそうです。

ということで……本書でも前述の通り、**トレンドに流されず、普遍的に集客をするディズニー流の集客の考え方、いうなればウォルト・ディズニーの理念に基づいた集客に必要な考え方**を各章で書かせていただきました。

第８章

夢のような目標がイノベーションを起こす

では、最後に継続的に集客を増やしながら成長していく方法をご紹介したいと思います。それは**夢のような目標を持つこと**です。

私が入社した１９９８年の東京ディズニーランドの来園者数は、過去最高とはいえ１７４５万人でした。でも、そのときすでにディズニーシー開業後の目標として２５００万人集客というものが掲げられていましたし、その先には３０００万人集客という数字が出されていました。

今でこそ、宿泊を伴う方は2デーパスポートは普通で、３デー・４デーパスポートという比率も上がってきています。でも、当時はどうやって1デーから2デーにアップグレードしてもらおうかと試行錯誤していた時代です。

2つのパークができたからといって、両方のパークを楽しんでもらえるとは限りません。今まで、1年間に2回ディズニーランドに来られていた方が、ディズニーシー開業後、1回はディズニーランド、もう1回はディズニーシーに変わっただけだと来園者数は増えないわけです。このように考えると、1700万人からの2500万人がどれだけ高いハードルか感じていただけると思います。

しかし、夢のような高い目標を掲げることで、そのためにどうすればいいかをみんなが本気で考えるようになるのは事実です。

非常識な目標が成功速度を加速させる

この本をお読みの年代の方々は、ご自身が小さい頃からテレビや映画で長編アニメーションを普通に見られてきたと思います。しかし、1937年より前は「長編アニメーション」という概念さえなかったのです。

その概念を打ち破り、世界で初めて長編アニメーションを考え、実行した人こそ、ウォルト・ディズニーであり、その作品は『白雪姫』です。

ウォルトは1934年の段階で「世界初の長編アニメーションの映画を作る」と公言し、取り組み始めました。しかし、当時の常識では、長編のアニメーションなど誰も観るわけがないというのが周りの評価でした。

しかし、ウォルトには長編アニメーションという新しいエンターテイメントを作り出すという高い目標があったからこそ、目標を掲げてからわずか3年後に作品公開に至ります。そして、80年以上経つ今の時代になって、長編アニメの映画が当たり前のように作られるようになっているわけです。

つまり、夢のような高い目標を掲げ、チームが一丸となって取り組むことで、技術的なことやプロモーション、ビジネスモデルなど、あらゆる面で今までなかった手法が取り入れられ、チーム力が高まった結果、イノベーションを起こし成功に導かれたわけです。

これが例えば、イメージできるレベルの目標であればどうだったでしょうか。**現実より少し頑張ればなんとかなると思えば、結果的に成長もそのレベルしか起きません。しかし、夢のような高い目標を掲げることで一人一人は大きな可能性を考え出し、その力が大きなストレッチを現実のものとするのです。**

もちろんここでも重要なのは、何のためにその目標を達成したいかということで、自社の理念や目的が全社員に浸透しているからこそ実現するわけです。もし、先ほどの長編アニメーションをウォルトだけが作りたがっていたなら、作品は完成しても成功はせず、結果的に、今の世の中にひょっとしたら長編アニメというエンターテイメントはなかったかもしれないのです。それぐらい、中長期的な目標を掲げる先にも重要だということです。

毎年現実感のある成長だけを目的にすると、今やっていることがどんどん当たり前に変わっていきます。新たなステージに上るまでは当たり前ではなかったことでも、気がつくと当たり前になってくるのです。

しかし、当たり前の常識ほど怖い価値観はありません。

なぜなら、一気に成長速度を止めてしまうからです。

ディズニーが2500万人集客から、今では年間3000万人集客を実現させ、いまだに成長を続けているのは、高い目標もさることながら、**常識を常識で考えないというマインドの存在**も大きいのです。

WORK

最後のワークはあなた自身の棚卸しです。これは今までのトピックスをまとめたシートです。ぜひ書き込んで、ご自身の集客計画に役立ててみてください。

①から順番に書いていくのも一つの方法ですが、少し変わった書き方としては、あなたの商品やサービスを通して幸せになるお客様の姿（⑩）と、そんなお客様が増えることで幸せになるあなたの姿（⑪）から具体的に書く方法です。

人間の脳には、具体的に幸せなゴールを描いたものを実現する力があると私は確信しています。今まで、企画を立てた際に、自身の成功した姿を考えたことのない人は、ぜひ自分が成功して幸せになった姿を思い浮かべてみてください。その姿が具体的であればあるほど、今まで考えもしなかったアイデアが湧き出し、他の質問のスペースを自然に埋めていってくれるはずです。

<table>
<tr><td colspan="2">⑥【商品づくり】競合に打ち勝てるニーズが満たされる商品とは何か？</td><td>⑥【価格】その商品の値段は？</td></tr>
<tr><td>⑦【売り場】どこに集客したいか？</td><td>⑧【時期】いつ集客したいですか？</td><td>⑨【規模】どの程度の集客ですか？</td></tr>
<tr><td colspan="3">⑩【お客様の幸せ】この企画が成功し集客が増えた時にお客様はどんな幸せを得てますか？

⑪【あなたの幸せ】この企画が成功し集客が増えた時にあなたはどんな幸せを得てますか？</td></tr>
<tr><td colspan="3">⑫【夢の実現】お客様とあなたの幸せを実現するためにどうすればこの企画が成功すると思いますか？</td></tr>
<tr><td>企画を一緒に取り組むキーパーソンは誰ですか？（複数可）</td><td>それぞれの人に何を求めますか？</td><td>いつまでにやってもらいますか？</td></tr>
<tr><td colspan="3">最後にこの企画をどのように進めるのか？　どのように市場に伝えるのか？　具体的にやるべきことを書き出してください。</td></tr>
</table>

絶対集客ワークシート

①自社および商品やサービスの目的・存在意義は何ですか？
また、それを実現することであなたや、会社は何を得ることができますか？

②中長期的な夢のような目標をなるべく具体的に書いてください。

③【ターゲット】誰を集客したいのか？ その人は新規顧客か？リピーターか？	④【ニーズ】集客したい人が望んでいる要件（価値）は？ （なるべくたくさん書き出してください）
⑤【競合】集客したいターゲットの競合は？（競合の価格や売り方等可能な範囲で具体的に）	

おわりに
～私がオリエンタルランドに入社した本当の理由～

私が東京ディズニーランドを運営するオリエンタルランドに入社したのは１９９８年。開園15周年で盛り上がり、当時過去最高の集客を達成した年でした。

オリエンタルランドというと、当時でも就職ランキングでは常に上位の企業で、パークでのアルバイトにおける優秀な実績、もしくはずば抜けた実力がないと入社できないと噂されていました（が、これは入社後に聞いた話で、私が入社できたぐらいですから真偽のほどはわかりません。それすら知らずに応募していたことだけは事実です）。

一方、私はというと、旅行や部活の遠征以外で関西圏から出たこともなく、大学時代は授業にもほとんど行かず、高校から始めた馬術に熱中し、学校には毎日通うものの、行き先は馬小屋と練習場のみ。おまけにクラブばかりしすぎて一年留年までしていました。

就職活動はというと、大学4年の時は牧場に就職しようと、北海道の牧場でアルバイトをし始めたものの挫折し帰阪。大学5年目にエントリーした先は第一希望のJRA（日本中央競馬会）とオリエンタルランドのみ。ただ、オリエンタルランドはエントリーしたというより、たまたまJRAと近い日程で筆記試験があったので、筆記試験の練習ためにエントリーした企業でした。

正直、何の会社かも知らないし、東京ディズニーランドを運営する会社だと知ったのはエントリーした後でした。おまけにパークはおろか東京にすら行ったことがない状況でしたので、肝心の筆記試験でも会社のことを聞かれても、当然のように適当にマークするしかなく、これじゃあ練習にもならないとがっかりしたのをよく覚えています。

しかし、人の縁とはわからないもので、あれだけ入りたかったJRAは筆記試験で不合格となり、筆記試験で適当にマークを付けたオリエンタルランドは三度の面接をクリアし、何と内定までいただいたのです。他にエントリーしていた企業があるわけでもなく、就職して面白くなければ、もう一度北海道の牧場で頑張ろうと入社を決意しました。

どこを評価されて採用されたのかわからないまま今に至っているわけですが、面接のとき、嘘だけつかなかったのは事実です。

JRAの筆記試験の練習目的でエントリーしたこと、そのJRAに落ちたこと、ほかに就職活動していないこと、JRAに落ちてからオリエンタルランドの今後の理念やビジョンを調べたらワクワクしてきたこと、そして、これからはテーマパークではなく、リゾートとして拡大していくというチャレンジに自分も加わりたいと心から願い、こう話しました。

「リゾートへ拡大していく過程で、ディズニーが好きな人だけでなく、自分のように、全くディズニーに対して興味のない人をどのように取り込んでいくか。そしてその人をいかにファンにしていくかが重要になると思います。そのために自分のような人間が集客のために必要になるはずです」

最終面接で大見得を切ってからすでに20年。

「興味のない人をどのように取り込んでいくか？」「そして、いかにファンにするか？」

今でも私の行動の原点はここにあることだけは間違いありません。

全く使い物にならない可能性の高かった私に、ビジネスの基本である、お客様のことを徹底的に考える機会を作っていただいた上司や多くの先輩との出会いを皮切りに、大阪での少人数での営業所時代に仕事の進め方、旅行の仕組みまで事細かに教えていただいた取引先の方々。

オリエンタルランド退職後も、平原綾香さんと一緒にお仕事をさせていただき紅白歌合戦や、国内はもちろん中国やロシアでの公演にもご一緒しました。その後も中学生の時からファンだったさだまさしさんや、世界的な指揮者である佐渡裕さんが主催されるチャリティーコンサートに、ともに取り組ませていただいたり、本当に出会いに恵まれた日々でした。

そんな出会いがきっかけとなり、将来この出版社から本を出したいと願っていたフォレスト出版から本書を出せたことは本当に夢のようです。

でも、これも全て、あの時の面接から始まっているのです。

実は、オリエンタルランドに入社して1年ほど経ったころに、私の採用を担当した人事の方とたまたま何かの飲み会で一緒になることがあり、「どうして自分を採用したか教えてください」と聞きに行ったことがあります。

すると「嶋田さん自身が一番分かっているはずですよ」と、答えを教えていただけることはありませんでした。いつか、その人の口から自分に何を求めていたのか教えていただきたいと思っていたのですが、急な病で数年前に他界されたと聞き、今となっては聞く人がいなくなってしまったのです。

本書の中で、「ディズニー流集客の法則」についていくつかの切り口で紹介しましたが、迷ったときは難しく考えず、**「自分が関わる事業に全く興味のない方がどうすれば興味を持ってくれるか、もしくは、すでに興味を持っていただいているお客様がなぜ興味を持ってくれたのか？」**ということを考えてみるところから始めてください。

「マーケティング」「集客」と聞くと頭を抱えてしまう方も多いと思いますが、難しく考える必要はないのです。

あなたの商品やサービスを通して幸せになっているお客様の姿を思い浮かべてみてください。きっとあなた自身もワクワク楽しくなってくるのではないでしょうか？

必要とされる価値を、必要とする人に、適正な価格で提供する。

あなたの事業がさらに輝き、あなたとあなたの大切な人が笑顔にあふれ、自分自身が本気で楽しんで仕事に取り組む。

それこそがビジネスの原点です。

本当に必要としていない人に商品やサービスを提供しても間違いなく一回限りで終わってしまいます。一時的に売上が上がっても、それではビジネスは続きません。本書で得た知見を通してじわじわとお客様が増えていく。そんな結果を生み出す一助になればと思っています。

その結果、一人でも多くの方の事業や企画に貢献でき、たくさんの笑顔を増やすことこそが、あのとき自分を採用していただいた方への恩返しになるに違いないと信じています。

嶋田　亘克

【著者プロフィール】

嶋田亘克（しまだ・のぶかつ）

集客プロデューサー
pixie dust 株式会社代表取締役
一般社団法人日本生涯学習協議会（JLL）認定エンパシーライティング・コーチ

1974 年兵庫県尼崎市生まれ。大学在学中、当時グループ連結で約 2 兆円を売上げていたマイカルグループ創業者の一人である福田博之に師事し、経営哲学を学ぶ。1998 年オリエンタルランド入社。入社以来、11 年間にわたり東京ディズニーリゾートの集客マーケティングを専門に担当。主に担当したエリアでは担当前と比較し、年間約 80 万人の増員（約 150% 増）を達成させた。集客のためのセールスプロモーションを得意とし、全国の大型ショッピングセンターと連携したプロモーションイベントを企画するなど、自社だけでなく異業種と連携したタイアップ施策を得意とする。
オリエンタルランド退職後は歌手の平原綾香の個人事務所にて事業全体のマネージメントとともにファンクラブ事業を担当。外務省と連携したロシアや中国での文化交流企画を実施したほか、コンサルタントとしても社長一人の店舗から上場企業まで幅広いスタートアップや集客サポートを行う。大手飲料品メーカーでの健康食品の通販販売における新規事業では、およそ 3 年で 10 億円規模の売上へと成長させるなど、結果を生み出す手法には定評がある。
2016 年 オリエンタルランドで 10 万人以上の人材育成を行なった櫻井恵里子（サンクチュアリ出版『「一緒に働きたい」と思われる心くばりの魔法』著者）と共同で pixie dust 株式会社を創業。中小のサービス業を中心に、顧客満足度の向上、職場意識の改善、集客拡大という 3 大テーマを掲げた実践コンサルティングを行なっている。
オリエンタルランド時代から、継続的に集客やサービスについての定期的な講演やセミナーを行なっており、受講社数は 2000 社を超え、実現可能な「スキルの再現性」の高さに多くの称賛の声が寄せられている。

嶋田亘克　公式ホームページ
http://shimadanobukatsu.com

嶋田亘克　公式 facebook
https://www.facebook.com/nobukatsu.shimada1974/

pixie dust 株式会社
http://www.pixiedust.co.jp

装丁・本文デザイン　小口翔平＋三森健太（tobufune）
DTP　キャップス
校正　鷗来堂

ディズニーのすごい集客

2017年4月2日　　初版発行
2025年1月5日　　2刷発行

著　者　嶋田亘克
発行者　太田　宏
発行所　フォレスト出版株式会社
〒162-0824 東京都新宿区揚場町2-18　白宝ビル7F
電話　03-5229-5750（営業）
　　　03-5229-5757（編集）
URL　http://www.forestpub.co.jp

印刷・製本　日経印刷株式会社

ISBN978-4-89451-753-0　Printed in Japan